主編	潘翎
責任編輯	陳靜雯
圖版設計	鄭魏、萬俊
版式設計	嚴惠珊

書名	中國外銷瓷 CHINESE PORCELAIN: An Export to the World
著者	甘雪莉
譯者	張關林
校訂	許迪鏘
出版	三聯書店(香港)有限公司 香港鰂魚涌英皇道 1065 號東達中心 1304 室 JOINT PUBLISHING (H.K.) CO., LTD. Rm.1304, Eastern Centre, 1065 King's Road, Quarry Bay, H.K.
香港發行	香港聯合書刊物流有限公司 香港新界大埔汀麗路 36 號 3 字樓
印刷	中華商務彩色印刷有限公司 香港新界大埔汀麗路 36 號 14 字樓
版次	2008 年 8 月香港第一版第一次印刷
規格	大 32 開 (140 × 210mm) 184 面
國際書號	ISBN 978.962.04.2775.6

中國外銷瓷
CHINESE PORCELAIN
AN EXPORT TO THE WORLD

甘雪莉　著

三聯書店（香港）有限公司

目錄

陶瓷

瓷窰

御用

外銷

導言

　　白色。輕叩時會發出樂音。隱約透光。除了瓷器，還有什麼可以這樣形容？瓷器甫從中國出口，就博得世界的讚賞、商人的注目和收藏家的青睞，尋且激發了致力仿製這種珍貴物料的西方陶匠的創意。不論是珍藏傳世，還是從沉船打撈或地下出土，瓷器以其耐久無缺，正好成為研究早期世界貿易和跨文化交流的理想媒介。

　　中國的瓷器製造有悠久歷史，其獨傳之秘延續千多年，世界莫不求之若渴，趨之若鶩，也就難怪要以「china」來命名這種美觀、實用而又耐用的器皿。累世以來，茶和絲雖然是東西貿易的主體，但談到推動跨文化對

話，促進意念、紋飾、設計和技術創新的交流，則非瓷器貿易莫屬。

中國早在漢代（前 206 - 西元 220 年）開始開闢貿易之路，到唐代（618 - 907 年）已然建立龐大的市場，貿易往來莫不以對方的奇珍異器為尚。瓷器從海陸兩路出口，遠屆土耳其、東非，近則至菲律賓、日本和印尼等地，不僅供王室貴族收藏和使用，也作為家族的傳家寶，甚至墓葬品。

江西景德鎮以盛產瓷器著名，遂有瓷都之稱。宋代（960 - 1279 年）發明了白中泛青的藍白釉瓷器（青白瓷，

潘趣（Punch）瓷酒碗。景德鎮製，繪畫了瓷工的工作情形。18 世紀，直徑 40 厘米。私人收藏。

俗稱影青），不僅出口，還供應國內市場和皇室御用。元（1279 - 1368 年）明（1368 - 1644 年）兩代，青白瓷風靡世界，景德瓷的名聲由是確立。

一般來說，瓷是一種白色、半透光、玻璃化的物料，

2

在攝氏 1300 度左右的窰裏燒製成器。但瓷器並不一定是純白色或半透光,端視乎瓷土所含雜質及其厚度而定。中國外銷瓷的品質視其出口市場,以及製造時間和地點而各有差異。質厚粗糙的瓷器通常銷往亞洲各地,後來也銷往西方,纖薄而繪製精美者則銷往歐洲供日常使用和收藏。

「外銷瓷」是一個意思多少有點含糊的字眼,既可泛指不同品質、粗糙精細兼而有之的陶瓷,它們供應本土市場,隨後也銷往國外,包括唐宋時出口東亞、東南亞和西亞的陶器;也專指為國外市場生產的瓷器,如元代時為穆斯林市場製造的大型「食盤」,以及 18 世紀根據指定歐洲式樣和圖案特製的瓷器。研究指出,過去認為大多數外銷瓷只在民間窰場製作的看法並不正確,在明、清(1644 - 1911 年)兩代,儘管景德鎮是官窰所在,專為宮廷服務,但它生產宮廷瓷器之餘,也出口瓷器,這也是許多外銷瓷品質優越的原因。

起初,中國商人並不直接與西方買家交易,而是通過中介商由海路或陸路付運,這些中介商大都是阿拉伯商人。但自 16 世紀初葡萄牙開闢了通向中國的航線,貿易日趨蓬勃,西班牙、荷蘭、英國和其他國家紛紛向這個有利可圖的市場分一杯羹。從全球各地沉船和考古遺址中發現的中國瓷器,增加了人們對瓷器貿易分佈範圍和內容的了解。

御用瓷，不供外銷：清
康熙（1662-1722年）青
花龍魚紋圓碟（左上）；
瓷罐（右上），清光緒
（1875-1908年）。南京
博物館藏。

從16世紀末歐洲開始，擺設和使用中國瓷器，以至於以中國款式為藍本的日本瓷器，成為地位的象徵，是富貴且具鑑賞品味的人家才能享有的奢侈。他們的收藏豐富得要用整間房間來陳列。英國以至全歐洲的陶匠，都試圖複製精白、耐久的瓷器，由此衍生了新型的陶瓷品種，如骨瓷、軟質瓷。不過，它們的精細和純白、光亮程度都比不上進口瓷器，經過多年摸索，到1709年德國邁斯的工匠勘破製陶的奧秘，局面才有所改觀。

到18世紀，歐洲（稍後還有美國）的貿易公司為與中國在瓷器貿易中爭一日之長短，指定要根據西方的式樣、色澤和圖案製造套裝餐具和其他器皿。東西方陶匠的意念交流，產生各式各樣眩目的新品種，來自不同國家的瓷器時見錯配的樣式和系列設計，以致今天人們還在問：「究竟誰抄襲誰？」

陶瓷技術

瓷器究竟是什麼？要回答這個問題，就得簡單介紹一下陶瓷技術：黏土、釉和瓷窰。

黏土是花崗岩風化的產物，花崗岩先碎裂成長石、雲母和石英，它們都含有硅，而硅也是玻璃的主要成分。進一步的物理和化學變化，產生了各種顏色和類型的黏土，這取決於當中的其他礦物成分。

世界各地都有黏土，由於黏土容易得到並具有可塑性，是遠古人類最先使用的材料之一。黏土不同於粉砂，特別適合製作陶瓷。在顯微鏡下，粉砂顆粒粗糙，黏土則是扁平的微粒，加進水分後會相互黏合，用手或在陶盤上擠掉多餘的水分後會形成固定的形狀。陶工一般喜歡把可塑與不可塑黏土混合起來使用，這樣既容易塑造陶器的「胎」，使其保持形狀，乾涸或在窰裏燒製後又不會過分收縮。

一種叫高嶺土（因產於景德鎮附近的高嶺而得名）的稀有黏土，是瓷器兩種主要成分之一。高嶺土呈白色，富含礬土，顆粒粗幼不一。但品質最好的高嶺土（微粒大小一致，呈白色亮光）產於日本、德國和法國；中國、巴西、英國和美國喬治亞州則蘊藏量較大。由於高嶺土可塑性很強，通常不單獨使用：它容易成形，但不易保持形狀。它的熔點高達攝氏 1700 度，是很難達到的溫度，因此要加上

在景德鎮，木製的重力樁錘把淺坑裏的瓷石打成粉末，錘尖包上金屬，以防因經常猛烈敲打而碎裂。重力樁錘靠從溪流引水以水力運作，溪水也供沉澱槽使用。早在漢代（前 206 年 - 西元 220 年）的陪葬陶製模型中也可見類似的重力錘，是用來打穀的。

瓷工以泥坨拉坯法拉出瓷盤。泥坨很大，可以拉出好幾個瓷盤，無須在製作每個瓷盤時停下來把另一份瓷泥放到陶輪上。

「利坯」在瓷胎半乾或全乾時進行。瓷工用自己的臉頰來支撐修坯工具，以便操控。當開口達到所需大小時，就把獨立拉製成形的幼長瓶頸黏附在瓶身上。

坯子施以透明白釉，覆蓋在鈷藍釉層上。經窯燒後，藍色圖案會透過透明面釉呈現出來。照片由甘雪莉提供。

6

其他材料提高其成形性，並降低瓷窰燒製的溫度要求。

瓷器的第二種主要成分是瓷石，它的成分類似高嶺土，也是由花崗岩風化而成，不同的是含有豐富的硅。它的顆粒大於高嶺土，但磨幼後還是略具可塑性，如果與高嶺土混合，就成為可製成各種形狀的混合物，在約攝氏1280度下能燒製成玻璃質陶瓷。

人們並非一開始就用這兩種物料來製作瓷器。在中國北方，瓷器主要由高嶺土和其他黏土造成；在南方，從第10到13世紀，瓷器幾乎全用瓷石製成，後來才加上高嶺土來提高品質，直到18世紀，兩種材料的成分才差不多相等。

高嶺土和瓷石在用來製作瓷器前需要許多準備工夫。它們需要開採、磨碎、漂洗以去除雜質，用浮選法進行分離、沉澱，這樣陶瓷成品才能精細潔白。為了提高準備工

（左上）風乾瓷器的架子排滿窰棚。照片由甘雪莉提供。

（右上）1982年景德鎮最後一個燒柴的傳統瓷窰，木料都是就地取材的。當時以至現在，大多數景德鎮的瓷窰都採用燃油。這個老窰大部分隱藏在屋內，是傳統的蛋形窰，窰室類似橫臥的雞蛋，一頭是火膛，另一頭是高聳的煙囪。照片由甘雪莉提供。

瓷器不論有沒有底釉都能燒製。畫師正以釉上彩繪畫一個沒有底釉的大瓶。1982 年，景德鎮。照片由甘雪莉提供。

作的效率，早期許多瓷窯都建在水邊。提煉好的瓷石和高嶺土，還有釉料，都造成小白磚狀以便使用，叫做「白墩子」。但許多時「白墩子」只用來指瓷石。經過提煉，瓷石和高嶺土便可混合成可用的黏土。

瓷釉是施加在黏土表面的不透氣玻璃質塗料。燒製時，釉在陶瓷表面熔化，形成一層薄薄的玻璃體。就瓷器而言，由於釉的成分和瓷胎接近，基本上都是由礬土和硅加上一些其他物質，所以釉熔化後會少量滲進瓷胎，令釉層不像陶器那樣可以明顯地與陶體區分。釉最重要的添加劑叫助熔劑，能降低熔點，讓瓷窯無須達到高溫就能把釉熔化。

釉的三種最常用呈色劑都是礦物顏料：鐵（棕、黑色或綠、藍色）、鈷（藍色）和銅（綠色或紅色）。大多數外銷瓷會用鈷作為底釉，或用或不用其他顏料作為面釉。

這兩種釉彩有重要的分別。青瓷（青白瓷）用鈷顏料直接塗在未燒製的瓷胎上，瓷胎會像海綿一樣把顏料吸收，然後用一種透明的釉料（有時叫白釉，因為它在燒製前呈不透明的白色）罩在原來的釉層上送去燒製。製成品在清澈光滑的釉彩下呈青藍色，故名「青白瓷」。鐵和鈷都同樣可用作底釉顏料。

至於釉上彩則顧名思義，瓷器無論有沒有底釉，燒製後用其他顏色的瓷釉塗在燒過的透明釉上，以較低溫度再燒，把顏色固定在原來的釉上。這種上釉方法通常會在瓷

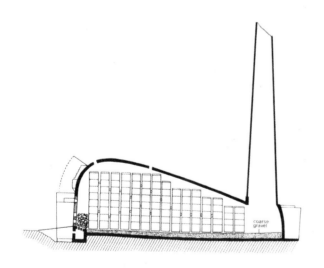

coarse
gravel

蛋形窰示意圖。根據劉楨、鄭乃章和胡由之的《鎮窰的構造及其砌築技術》，第二屆北京國際古陶會議，1985 年；及北京中國歷史博物館館藏資料。

9

器表面形成凸起的觸感，而釉下彩卻沒有。從 16 世紀以來使用的一種薄薄的鐵紅顏料，觸感不像上述瓷釉明顯，但容易磨損。

黏土製成的器皿若不經過窯燒不能長久保存。使黏土變得柔韌而易於塑造的水分必須去除，顆粒才能緊密黏合。黏土的類別、顆粒的粗幼和燒製時的溫度，都會影響瓷器燒製時收縮率的大小，瓷器的體積收縮率可達 30%。

瓷胎無論是否上釉，都必須在燒製前慢慢風乾，然後放進窯裏，慢慢提高溫度，使瓷胎受熱，去除剩餘的水分。若任何一步操之過急，瓷胎就會破或裂。然後繼續加溫直至黏土和釉彩融合，並把溫度維持一段時間，確保黏土和釉彩穩固融合在一起，或玻璃化。窯的冷卻時間一般與加熱時間相若。

有幾種重要的釉色變化是在窯裏形成的。如果窯火純淨，有足夠的氧來充分燃燒，就叫做氧化氣氛。比如，用氧化銅作為底釉，經氧化火燒製能產生幾種不同的綠色。

第二種氣氛叫還原氣氛，就是說把火封住，使之沒有足夠氧氣來充分燃燒，窯內缺氧和冒煙。這樣會產生一種化學變化，使同樣的氧化銅顏料呈現不同的紅色。在一次燒製中，在不同時間反覆使用氧化火和還原火，就可產生許多不同的色彩效果。

中國瓷器，包括外銷瓷都運用上述和別的創新技術燒製。本書要討論的外銷瓷，主要就是各種釉下彩青瓷和釉上彩瓷器。

世界瓷都景德鎮

坐落江西東北部的群山中，現有150萬人口的一個城市，就是世界陶瓷歷史上最負盛名的景德鎮。早在得名之前，它的陶瓷生產就遠近聞名，宋朝第十個皇帝在景德年間（1004 - 1007年）賜名後，「景德鎮」就以陶瓷精美馳名，許多瓷器都是按照御旨製造的。

景德鎮得天獨厚，不但瓷石和高嶺土蘊藏量豐富，附近山林也有足夠的木材可供燒製大量瓷器之用，是發展陶瓷工藝的自然土壤。最重要的是，景德鎮的運輸網絡四通

1985年煙囪林立的景德鎮。照片由甘雪莉提供。

11

八達，連接各地市場，從鎮內的昌江可通鄱陽湖，再到長江和大運河。因此，景德鎮的瓷器能通過相對便利的水路交通，運送到國內外市場。

14世紀以降，官窯和民窯並行不悖。17世紀末以前，官窯使用徵役工（由官方徵召作強制勞動，通常欠缺技術）和徭役工（按國家規定作定期勞動，報酬低或無償，一般具有技術）。由於工作環境惡劣，而宮廷對御用瓷器的要求極高，不易達到，因此騷亂不斷。17世紀中葉明朝衰亡，滿清入主中國，景德鎮的瓷器生產大受干擾，出口劇減。但在康熙帝統治下，瓷窯迅速恢復生產，僱傭工取代了徭役工，由高度專業的工人負責生產，效率大為提高，這做法一直延續，開展了歷時七十年的瓷都盛世。官窯由三位具名望的督窯官監督，生產出清代最好的瓷器。

耶穌會教士殷弘緒（Francois D'Entrecolles）18世紀初在中國傳教，能說流利的漢語，對當地風俗和物產觀察入微。他在1712和1722年寫給法國奧利（Orry）神父的長信裏，詳細描述了景德鎮當時的狀況和瓷器作坊的生產過程。在1712年的信裏他寫道，景德鎮人口稠密，約有18,000戶人家，100萬人，其中不少是窯工。瓷窯有3,000座，如果夜裏入鎮，還以為城鎮著了大火。不過頻繁發生的火災，通常是過於擁擠和狹窄的街道造成的。

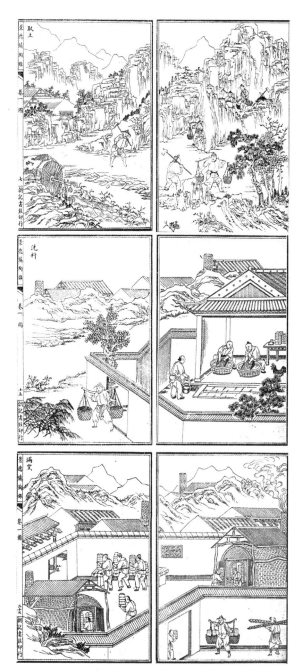

《景德鎮陶錄》一書的圖說，1815年。自上而下為：「取土」、「洗料」（使高嶺土和其他黏土脫去雜質）及「滿窰」。

13

保護瓷器的匣缽（退火箱）砌在窯內。窯填滿後，把窯口封閉才開始焙燒。照片由甘雪莉提供。

殷弘緒神父對瓷器生產的描述涉及這個行業的各方面，其觀察之細之準，說明作者不僅對瓷器製作興趣極濃，而且還親歷作坊。他不知道德國邁斯剛發現了製瓷技術，他說，中國無法根據歐洲規格製作的某些瓷品，或許能在歐洲輕易地製造出來，只要那裏能找到合適的材料就行。他對歐洲製瓷的困局應略有所聞，因為他說，馬爾他的一種白土也許類似高嶺土，雖然缺乏高嶺土具有的雲母的閃光微粒。

殷弘緒神父處身中國時，中國瓷器正風靡歐洲。他指出瓷器如此昂貴，是由於購買瓷器的歐洲人不知道瓷器如何製成，因此要求的樣式一般很難、甚至不可能製造出來。如果改變樣式，或成品有瑕疵，瓷器會被退回，瓷廠就得承擔損失，因為這些產品在中國市場是賣不出去的。而且附近山上的木材已經被砍光，燃料的運輸費用也增加了。當然，也還要計算督窯官、中國官員、歐洲船主和商人的進帳。

隨著中國瓷器貿易擴展，景德鎮備受全球注目。許多文藝作品都提到瓷器，18 世紀末美國詩人朗費羅（Henry Wadsworth Longfellow）的長詩《陶瓷》還提到了景德鎮，他在詩裏到世界各地的瓷窯「遊歷」了一番：

掠過沙漠和海灣，掠過恒河，掠過喜馬拉雅，

我像鳥兒飛翔，唱著歌兒飛向花團錦簇的中國，

在景德鎮上空，找像鳥兒盤旋，

那是一座彷彿在燃燒的城市，

三千座火爐火焰升騰，

空中煙霧繚繞，紅光直沖雲霄。

今天，景德鎮依然是陶瓷中心，瓷窰和瓷工繼續以精美的瓷器供應永不滿足的世界。

瓷器的源流與青花瓷的發展

中國優質黏土蘊藏量豐富，使瓷器製造源遠流長，並得以歷久不衰。中國北方的優質黃土，是製造中國第一個皇帝的兵馬俑的材料。秦（前 221-207 年）的發音，據說就是西方人以 China 命名中國的由來。許多窰場使用同樣來自中國北方的白色高嶺土，以高溫燒製形形色色的陶瓷，其中有的精細，有的粗糙。尤可注意的是，在中國南方，起初只用瓷石，後來才加進高嶺土，結果造出使世界著迷的瓷器。

在第 8 和第 9 世紀，邢窰（在今河北）承襲使用中國北方高嶺土以高溫燒製出白瓷的早期傳統，發展出精緻的

宋定窰鵝紋碗，直徑 23.5
厘米。上海博物館藏。

宋景德觀音像，披上青白
釉長巾，高 25.6 厘米。
上海博物館藏。

白瓷，引起唐皇室的注意。邢瓷堅固耐用，造型簡樸卻別具吸引力，其精細者供宮廷御膳之用，其稍粗糙者則供銷市場。邢瓷的聲譽由此鵲起，不僅在中國各地，在中東個別地方也發現邢瓷的碎片，應是隨早期貿易而傳佈當地。邢窰在 10 世紀停產，其他瓷窰，尤其以生產皇室用瓷為主的定窰，填補了空白，通過開發新的生產和燒製工藝，製造出風格新穎的瓷器。

約在此同時（10 世紀末），中國南方景德鎮的陶瓷生產也在發展。像邢瓷和定瓷一樣，景德鎮的瓷器也是用白色黏土製作，但不是高嶺土，而只用瓷石。釉料是一種白中泛青的青白釉，瓷體精緻纖薄，足與造型簡樸並以雕刻紋樣裝飾的北方定瓷媲美。瓷石的可塑性較低，可塑造成立體器物和加上圓珠一類的複雜表面裝飾，清澈的青釉流遍暗角和縫隙，使整個器皿渾成一體。

13 世紀末，蒙古人入侵中土，由於優質瓷石來源減少，景德鎮的青白瓷生產遇到技術問題，取而代之的是一種叫卵白釉瓷的新型白瓷。它的瓷體較重，釉色不通透並較暗啞。卵白釉瓷用高嶺土和瓷石混合製成，增加了強度和可塑性，窰燒溫度較高，產生了更堅硬的真正瓷器。卵白瓷原先在宮裏流行，往往刻有召令製造的款識，後來大量生產並外銷。蒙古人定鼎中原，建立元朝，對陶瓷器的

鑒賞品味與中國人不同，但深知有必要繼續支持製瓷業和維持瓷器外銷，以期為國家帶來大量收入。在亞洲和中東各地都發現青白瓷和卵白瓷，說明它們的傳播很廣。

自3世紀以來，陶瓷偶有以鐵、銅或鈷為底釉，尤其是在唐代的長沙和宋代的磁州，但在14世紀初，在素白瓷器的透明釉下施以華美而精細的藍色圖案，是一種新的令人驚喜的成就。青花瓷的出現基於幾種因素：景德鎮陶瓷技術的新發展，皇室對陶瓷業的支持，以及蒙古帝國疆域遼闊，打通亞洲至中東的市場。中國陶工使用的優質鈷顏料可以輕易從波斯或國內獲得，因此符合中東市場所需風格的瓷器很快便風行一時。

14世紀，景德鎮青花瓷的發展和銷售蒸蒸日上，青白瓷的生產卻日漸衰落。其時，中國人仍然喜好薄體的單色瓷，如青白瓷和其他類型宋代瓷器，青花瓷大都外銷。這

宋元時期景德鎮的瓷器碎片。路旁窰灰堆裏還能發現景德鎮早期製造的瓷器。它們對於現代仿製品，如圖右方那大片青花瓷極有幫助。照片由甘雪莉提供。

些青花瓷的形狀往往依照中東的金屬器具仿造,炫目的圖案令青花瓷更為美觀。不過也有些新瓷器是為國內市場製造的。到 14 世紀中葉,青花瓷工藝高度發展,倫敦大維德基金會(Percival David Foundation)的著名收藏品——一對長身瓶便是明證。正如瓶上的款識所言,它們是 1351 年為景德鎮附近一座寺院而製。瓶上的標準裝飾,在許多早期外銷瓷上都能看到:通身飾以纏枝紋和花瓣紋,頸部圍長條葉紋,底部有圍飾,雲和龍、鳳紋則散佈瓶身。

1368 年元亡明興,瓷器恢復強烈的中國審美特色。蒙古人喜歡的華麗複雜的圖案變得簡約,繪畫更精細,形狀和圖案裝飾配合得天衣無縫。由世紀初宣德年間的厚樸雄渾,到世紀末成化年間的典雅精緻,莫不反映 15 世紀中國宮廷的品味,以及御用瓷品質和造型設計達到的高峰,下開另一世紀的新市場和趨向。

纏枝紋的起源

細察一下大維德基金會收藏的瓷瓶以至其他各色瓷器上常見和矚目的纏枝紋飾,是頗為有趣的。它們源自何處?如何發展為中國裝飾藝術的主流?這些圖案走過的奇異道路,其實遍及半個地球。

馬其頓王亞歷山大大帝於西元前 323 年停止遠征亞洲

18

宣德年間（1426－1435年）景德鎮瓷碗，直徑22厘米。明代青花瓷風靡國內外。西式纏枝紋圖案成為中國瓷器的流行裝飾。西雅圖藝術博物館，Eugene Fuller Memorial 藏品，49.154。

時，已經戰績顯赫，佔領了從希臘到埃及、土耳其、中亞和印度的大片土地。雖然由於規模太大，帝國維持的時間不長，卻促進了東西方思想和貿易的交流。西方學者發現了東方的數學和天文學知識，東方人則受到希臘思想和造型風格的影響，其中就有各種類型的藝術圖案。

第 1 和第 2 世紀犍陀羅（在今阿富汗和巴基斯坦）的佛陀雕像，便是藝術互為影響的明顯例子。這些雕像把佛教的冥想和傳統造型與西方形體特徵如鬈曲頭髮和羅馬式長袍等結合，但建築物、紡織品和瓷器上那些裝飾性強烈的圖案的影響源頭還不十分明確。

纏枝紋是中國瓷器上最常見的植物圖案，其前身就是希臘和羅馬的玫瑰飾、棕櫚飾和藤蔓飾，這些裝飾最後可見於西元前 13 至 9 年羅馬的「和平祭壇」。隨著貿易拓展，這些圖案以不同形態傳遍中亞，3 世紀時中國新疆樓蘭建

北京紫禁城台階上的纏枝
紋與瓷碗上的纏枝圖案都
源自羅馬。紫禁城建於
15 世紀，此後不斷擴大
重建，及於多次大火後修
復。照片由甘雪莉提供。

羅馬和平祭壇上的纏枝
紋，西元前 13-9 年。羅
馬的玫瑰飾和藤枝飾由絲
綢之路上的旅遊者、征服
者和朝聖者傳遍亞洲。照
片由甘雪莉提供。

北魏（386-535 年）石碑
側面的裝飾圖案。纏枝紋
飾傳到中亞，輾轉傳入中
國山西大同附近的佛教聖
地雲岡石窟。繪有優美纏
枝紋的佛教石刻反映當時
中國的外族統治者篤信同
樣由外國傳入的宗教。聖
路易斯藝術博物館藏。

頁 127 所示的中國外銷瓷
盤以纏枝紋作為邊飾。

築物的木樑上，也刻有這樣的圖案以作裝飾。

　　佛教從印度和中亞傳向中國時，隨之而來的裝飾圖案
已經吸收了西方的影響，這些圖案對中國而言像佛教一樣
陌生。信奉初期佛教的中國統治者也是外族人，他們在中
國北方建立北魏（386-535 年），並奉佛教為國教。國都附
近雲岡石窟的雕像便用了纏枝紋和棕葉飾，這種圖案組合
後來不僅改變了佛教藝術，而且根本改變了中國的裝飾藝
術。唐代甘肅的敦煌壁畫和炳靈寺石窟，也見有各色源於

西方，既取法自然又經過藝術加工的纏枝植物圖案。

　　唐代的金銀餐飲用器，風格本就取法自遙遠的西方，往往也有精緻的纏枝紋；紡織品也用上了這種典雅的圖案。隨著圖案的中國化，西方的玫瑰和棕櫚葉飾變成更地道的蓮花和牡丹，其枝葉交纏形成起伏變化的紋飾。這些花卉和藤蔓交纏的圖案開始出現在各種中國瓷器上，與其他花草一起，成為元明兩代華麗的外銷青花瓷的首選紋樣。

造型

帆船

中國的貿易

早期貿易中，光彩照人、來歷神秘的絲綢，是最為人渴求的中國商品。絲綢通過絲綢之路傳至中亞，於西元前1世紀贏得羅馬帝國的青睞。世代以來，商品和思想往返交流，絡繹於途的是阿拉伯和猶太商人、禮佛者和當地的中介人，中國商人倒很少走絲綢之路。外國人渴求中國的精美絲綢、茶葉和真漆，中國則需要自己沒有的奢侈品，如香料、玻璃、珊瑚和象牙。高溫燒製的釉彩陶瓷在西元前1世紀已出現，但並不是貿易的主角，直至西元600年，即約唐代建立（618年）前後發明了瓷器，情況才有所改觀。

隨著7世紀唐疆域橫跨亞洲，陸路貿易繁榮頻密，海

上貿易也開始隨著遠洋船的建造和航海技術的改進而長足發展。這個時候，中國人依然倚賴從華南到波斯灣巴士拉之間來回奔波的阿拉伯和波斯商人轉運貨物，印度人和東南亞人也走水路。中國東南部的港口城市成為世界經濟中心，海上貿易頻繁。

大量亞洲商品從絲綢之路和穿過印度洋、波斯灣和紅海的海路傳入中東。在伊拉克的薩馬拉和伊朗的內沙布林等 9 世紀王朝首都的遺址，挖掘出中國最早出口的瓷器——唐代白瓷的碎片；在埃及的伏斯泰特（即舊開羅，當時是接收由紅海港口循陸路運來的陶瓷的商業中心）也發現了大量中國陶瓷碎片；伏斯泰特出土的文物中，許多是唐代和明代期間出口的各種中國陶瓷。

唐王朝在 9 世紀瓦解，由於局勢混亂，絲綢之路行旅

絲綢之路上的重要城市。

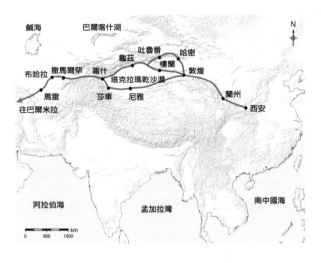

不便，海路日形重要。至宋代復歸一統，主要產於中國福建、廣東、江西和浙江等東南省份的陶瓷出口量大增。指南針的使用，水密艙、尾舵和軟索具的發明，使遠洋船更巨大，更安全，更易操縱。以南北和東西平行等距繪畫的中國地圖，也是世界最精確的。

在宋代，絲綢之路又活躍起來，遲至 1127 年中國北方被女真（滿清的祖先）佔領、朝廷南遷建都杭州，才復歸沉寂。這時貿易收入成為不可或缺的經濟來源，朝廷鼓勵加強瓷器、絲綢和真漆的海上交易，以帶來實質收益。

元滅宋後，蒙古人利用宋朝的海上力量繼續入侵亞洲其他地區。忽必烈於 1271 年建立元朝，把首都從蒙古遷到北京。蒙古帝國控制了貿易線路，使許多歐洲人得以到達中國皇廷。在蒙古人短暫的統治期間，幾名意大利天主教傳

絲綢之路北段吐魯番附近貝茲里克山上的駱駝。絲綢之路上的商隊面臨重重困難，如缺水、沙暴，以及迷路。照片由甘雪莉提供。

教士以及威尼斯波羅家族三名成員來到中國，其中馬可·波羅在東南亞和中國遊歷了二十多年，是蒙古朝廷信賴的顧問。他回國後憑記憶寫下在中國的見聞，使經濟和科技落後的歐洲大吃一驚，因此「馬可·波羅」成了「不可思議」的代名詞。但他的書中有不少可疑的矛盾描述，使學者們認為書中內容不是完全真實的旅行故事。

元朝統治者認識到海外貿易為國家帶來的好處，制訂多種支持貿易的政策。與阿拉伯的貿易受到大力推動，陸上貿易路線從巴格達直抵北京，海路從波斯灣到鄰近茶葉和瓷器產地福建的泉州。當時中國文明比較先進，有不少物品可供應世界，瓷器只是許多出口商品中的一種，其他還有藝術品、火藥、醫藥知識、貨幣、牌戲、印刷術和布匹等。

如前所述，唐代之後中國陶瓷就在中東出現，但到元朝時，波斯來的鈷顏料為素白瓷器增添了令人驚豔的藍色圖案，導致瓷器大量出口。雙方都得到了好處：中東陶工缺乏製作精緻瓷器的原料，而中國則缺少製作奪目藍色圖案的優質鈷。有了波斯的鈷，景德鎮陶工就能專門生產中東穆斯林市場所需的瓷器，讓瓷器的造型和圖案充分反映穆斯林的風俗和情感。例如，仿效穆斯林社群聚餐時使用的金屬大餐盤而製作的大型厚重瓷盤，這類瓷器在長途運輸期間也不容易破碎。這些堅固的大型盤子使用模子批量

生產，繪有穆斯林喜歡的複雜幾何和花卉圖案。

　　元明期間，中國瓷器大量出口，尤其是流行的青花瓷。從土耳其各蘇丹在伊斯坦布爾托普卡皮皇宮的大量收藏，可以看出中國與中東的貿易狀況。蘇丹嗜好收藏這類精緻瓷器，許多瓷器是隨著奧斯曼帝國的擴張，從整個中東的私人第宅搶奪過來的。收藏品有一萬多件，從元到清的都有，最早的收藏品可追溯到1495年。當中有前面提到的大餐盤，還有正式宴會和禮儀上使用的各種碗和壺。這些瓷器的形狀和大小，跟中國出口亞洲其他地區通常較小

的私人用的罐、瓶和碗完全不同。

中國與東南亞的海上貿易，遵循一種古老的對外關係形式，即所謂的朝貢制度。在這個制度下，中國接受亞洲臣服國的朝貢，並賜贈以同等價值或超值的皇室禮品，包括瓷器。事實上這是一種政府間的官方貿易，但同時也包括國外使團成員與中國商人之間的民間貿易。也因此，朝貢制度既涵蓋對外貿易，也涉及外交。

明代時，朝廷在 1405 至 1433 年間發起了七次遠航，對外關係達到巔峰。由太監鄭和率領的遠航，使中國的聲威至少傳播到波斯灣和非洲東岸。中國的船隊顯示，這是一個可以把大量軍隊和商品送到任何一個港口的海上力量。1433 年後，遠航中止，為了配合對外政策重點的轉移，明廷毅然從海上撤退。1419 年明首都從南京遷到北京，標誌明廷對北方蒙古威脅的關注，更甚於在南方顯示實力。

然而，七下西洋激起的亞洲民間貿易日趨蓬勃，中國商人的龐大船隊穿梭在一度由阿拉伯商人主宰的航線上。但由於中國朝廷的政策轉向閉關自守，從 15 世紀中葉到 18 世紀，對外商業活動一忽兒停滯，一忽兒又活躍起來，民間海外貿易有些時候非法，有些時候合法。在禁止海外貿易期間，商船只好通過走私進行非法貿易，沿海治安很不平靜。1500 年剛過，西方商業利益集團便在官方支持

《瑞應麒麟圖》，原畫作於明代，此為清摹本。鄭和下西洋期間，臣屬國及其他國家遣使朝貢。畫中以長頸鹿為中國神話中寓意吉祥的麒麟。北京中國歷史博物館藏。

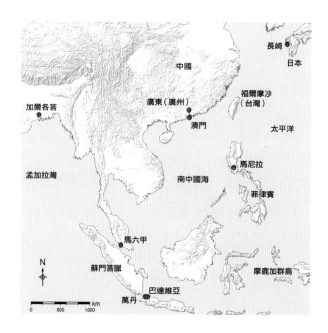

長崎

日本

中國

福爾摩沙
（台灣）

加爾各答

廣東（廣州）

澳門

太平洋

孟加拉灣

南中國海

馬尼拉

菲律賓

N

馬六甲

蘇門答臘

摩鹿加群島

巴達維亞

萬丹

km
0   500   1000

下挾著武裝而來，最先是葡萄牙人，緊隨而至的是西班牙

人、荷蘭人和英國人。

尋找通往亞洲之路

自從絲綢風靡羅馬以後，歐洲人就知道有一個神秘的

遠東存在。除了通過陸上的絲綢之路間接接觸外，亞歷山

大的顯赫戰功到中世紀仍餘響不絕。11 到 13 世紀，十字

軍東征，矢志從穆斯林手裏奪回聖地，也增加了人們對外

面世界的了解，知道天外有天。十字軍接觸到其他國家和

文化，燃起人們對遠方的好奇。肩負各種宗教、外交和商

業使命的人的記述，如 13 世紀的聖芳濟會教士羅伯魯克和馬可‧波羅的遊記，也引起廣泛注意。對遠東舶來品尤其是香料的渴求，也促使人們想方設法在交易中免受中介人剝削。

葡萄牙人在 15 世紀初就開始沿非洲西岸向南航行，尋找通往東方的路線，正好與懷著同一目標的西班牙人較量。1492 年，獲西班牙支持的哥倫布從海上歸國，自以為找到了一條向西到達亞洲的航道，兩國的版圖和貿易之爭更趨激烈。在教皇亞歷山大六世調停下，這兩個天主教君主國於 1494 年協定，把世界一分為二：西班牙可以得到新大陸，葡萄牙則可以得到非洲、印度和巴西東部（從那裏可以乘東南信風之便航行至非洲南端）。經過多次討價還

發現世界之旅：探險家和商人的路線。

價，西班牙的勢力範圍又加上菲律賓，因為馬尼拉已成為亞洲帆船貿易的中心。在兩國探索世界的過程中，傳教的熱情雖然一開始起了作用，但不久商業因素便佔了主導。

葡萄牙人開始沿非洲海岸建立多個有武裝防禦的貿易口岸，並於 1498 年繞過好望角。到 1507 年，他們佔據了位處波斯灣入口的霍爾木茲島（但到1515年才完全控制），又於 1510 年佔據印度西海岸的果阿，以及於 1511 年在馬來半島西部的馬六甲建立主要的貿易中心，其時已距中國南方港口不遠，並於 1517 年踏足中國。約四十年後，他們說服中國人讓他們在澳門建立貿易據點。由於葡萄牙人本身沒有符合亞洲需求的商品，他們便與長期以來佔主導地位的印度人和阿拉伯人合作，在亞洲各國間進行貿易，買賣不同商品，直至積聚了大量貨物後才運返歐洲銷售。葡

萄牙藉此在 16 世紀開始主宰貿易路線，成為一個財富和勢力均足以令人目炫的帝國。

其他國家當然不會坐視葡萄牙壟斷所有貿易財富。為了尋找一條通往東方的西向貿易之路，西班牙於 1520 年資助麥哲倫出海，向西出發並最終環繞地球一周。麥哲倫取道南美洲南端駛向亞洲，但西班牙後來的貿易路線主要是往返於太平洋和西屬墨西哥之間，然後由加勒比海返回西班牙。這使西班牙在開發新大陸上得佔先機，並宣稱擁有這片新土地。在五十年間，西班牙控制並把加勒比群島、墨西哥、大部分中美洲和頗可觀的南美土地納入其殖民版圖。到 1560 年代，菲律賓和摩鹿加群島也成為西班牙的貿易中心。

1580 年，西班牙吞併葡萄牙及其海外領地，利益不菲

的葡萄牙與亞洲貿易得以延續。但到 16 世紀，西班牙因尾大不掉，無法有效和長期控制大片亞洲屬地，國勢日漸衰落。1588 年西班牙無敵艦隊被英國擊敗，標誌西班牙和葡萄牙在新大陸和亞洲的貿易壟斷地位開始動搖。英國和荷蘭乘人之危，開始繞道好望角，試圖建立自己的直通航道，打破葡萄牙對亞洲貿易的壟斷。把世界一分為二，西班牙和葡萄牙各佔一半的局面，既由於經濟原因，暗地裏也出於新教對天主教號令天下的抗衡，受到了挑戰。

荷蘭和英國的民間商人見機不可失，全力投入開拓商機，而且一有機會就劫掠葡萄牙商船。荷蘭人因為在里斯本充當葡萄牙人的貿易中介，本來就累積了豐富的經驗和營商知識，加上強大的海上力量作為後盾，控制了香料生產區域，一躍而為 17 世紀亞洲貿易的主導力量。

17 世紀初，葡萄牙帆船在馬六甲海峽受荷蘭艦隊夾擊。

商船

　　鄭和領導的寶船船隊規模空前龐大。例如，1405 至
1407 年第一次下西洋，由 317 艘船組成，動員約 28,000 人。
對當時船隻的類型和大小迄無定論，但普遍認為，1962 年
在南京明代造船廠附近發現的承舵柱是來自鄭和的一條船
上。從這根承舵柱推測，船的長度肯定超過 150 米，重約
1,500 噸。這種體積比同時期葡萄牙沿非洲西海岸首度探索
遠航時使用的卡拉維爾大帆船大五倍左右。中國巨大的帆
船有分離的防水壁，使船體更加牢固；有可以用絞盤絞起
的尾舵，以便在淺水航行；有用竹條加固的斜桁四角帆。
馬可．波羅在 13 世紀說他看到四桅船，更有些資料說鄭和
最大的船有九桅。相比較下，葡萄牙的帆船有一個巨大的
三角帆繫在橫桿上，橫桿以一定的角度掛在主桅上，其尾

中國遠洋船。18 世紀木
版畫。

舵不能升起。其後，武裝商船成為 15 和 16 世紀與中國通商的歐洲商人的常用船隻。它的船尾和船首高高翹起，有一個巨大的主帆起穩定作用，並配有大炮，以備商船變成戰船時作攻擊或防衛之用。

葡萄牙和西班牙人在 15 到 17 世紀通商用的三桅大帆船，有不止一個甲板，機動性更強。這類船通常在菲律賓建造，是西班牙人能製造的最大型帆船，可重達 2,000 噸，承載 1,000 人。像武裝商船一樣，大帆船也配有大炮，但如果貨物極其貴重的話，通常有船護航。

英國、荷蘭、法國、瑞典等國則使用東印度公司商船作對華貿易的工具。它們是那時代最大的商船之一，配有重炮，如有必要也可作為戰船使用。為此，它們的上層結構一般是水線部分比上甲板寬，使船隻更加穩定。它們比一般貨船快，像武裝商船和大帆船一樣，客貨兩運。

美國投入對華貿易時，注重船的速度大於體積，這使他們能航行得比別國的商船快，也更容易擺脫海盜。1784 年進入廣州的第一首美國船「中國皇后」號（*Empress of China*）只有 65 英尺長，25 英尺寬，能容納的貨物、補給、壓艙物和起居空間有限。到 1840 年代，美國製造出快速帆船，速度更快，一天能行駛 500 公里。它的帆區特別大，流線型、尖頭，但體積並不小，最大的快速帆船「偉大的共和國」號

以 1745 年在哥德堡港沉沒的瑞典對華貿易船作藍本仿製的「哥德堡」號（*Götheborg*），在 2006 年 7 月的處女航中駛入珠江三角洲。照片由該項目發起人之一簡－埃里克．尼爾森（Jan-Erik Nilsson）提供（www.gotheborg.com）。

（*Great Republic*）排水量達 4,550 噸。不過，快速帆船風光的日子不長，到 1860 年代，歐洲製造的蒸汽船開始主導航海業。

馬尼拉帆船貿易與新大陸

1545 年左右，普多西（在今玻利維亞）和墨西哥發現蘊藏量龐大的銀礦，使西班牙的新殖民地成為寶藏，終於為馬尼拉對亞洲的帆船貿易籌措了資金。馬尼拉和阿卡普爾科（墨西哥南部港口）之間的帆船通航已有約 250 年歷史，商人把中國的瓷器、香料、絲綢、翡翠和其他奢侈品運到墨西哥，交換新大陸的銀。從墨西哥往西航行的帆船裝滿銀礦石，這礦產在世界各地都有龐大需求，尤其是在中國。向東行駛的帆船越過北太平洋到達北美海岸，然後

橫越太平洋的帆船航線圖。

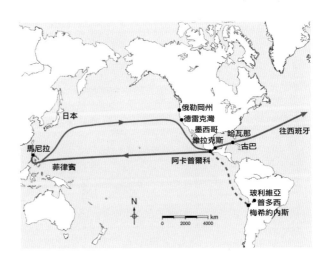

向南航至阿卡普爾科，卸下運來的奢侈品，以供運往西班牙各殖民地，滿足當地對西班牙不能生產的精美商品的需求，或者利用驛隊，穿越墨西哥運往加勒比海港口維拉克斯，再裝船途經古巴的哈瓦那等港口駛往西班牙。於是，大量礦銀流入亞洲（估計約佔美洲礦銀的三分之一），以致墨西哥銀幣成了亞洲港口的交換貨幣。但西班牙船上的巨大財寶使它們屢遭私掠船襲擊，這些民間武裝商船在所屬政府的默許下參與搶劫，尤其是英國人和荷蘭人，經常襲擊西班牙船隻，搶奪銀條。

遠在 1521 年麥哲倫登陸菲律賓前，菲律賓就是著名的亞洲貿易中心。後來西班牙佔領菲律賓群島，並按菲臘二世命名，成為西班牙在亞洲的主要貿易中心。馬尼拉是對華貿易的天然中轉港，是西班牙佔領菲律賓的原因之一，中國船隻輕而易舉就能把貨物運抵這裏，使之成為中國與新大陸之間的驛站。

西班牙船隻可以從菲律賓向北航行到約北緯 40 度，若時機巧合，就能利用西向信風和水流，抵達加利福尼亞海岸。從那裏南向駛往阿卡普爾科，雖然也有風險，但還是穩當得多。這段航程可能需要四到七個月，或者更長，患病和遭劫會使船上人數大幅減少。1542 年探險家卡布雷羅（Cabrillo）沿北美西海岸向北航行，獲得了關於信風、

水流和地標的大量知識，使這條貿易線路的航行更安全。不過風暴和水流有時也會迫使西班牙船隻在陌生危險的地帶靠岸，最北可能到達現在的俄勒岡州。

1565 年，自馬尼拉帆船第一次抵達阿卡普爾科後不到十年，中國瓷器開始大量運往墨西哥，不僅有景德鎮的青花瓷，還有福建德化的白瓷。大部分瓷器留在新大陸，只是品質精粗不一，比在歐洲可供更廣泛階層的人使用。有些瓷器進入墨西哥城東南部的傳統陶器製造城柏布拉，對那裏的陶器製造產生很大影響。中國瓷器中有不少仿照柏布拉傳統陶器的樣式，說明雖然中國瓷器的知識流傳甚廣，但還沒有太多人懂得製造的方法。

一開始，各港口每年至少有三艘船出航，進行這類有利可圖的貿易，但西班牙國內的製造商和商人抱怨，遠東

來的絲綢等精美商品搶了他們的飯碗，於是在 1593 年通過一條法例，限制出海船隻的數量和規模，每年只容許最多兩艘，通常是一艘船隻進行這長途而危險的航行，而橫跨加勒比海和大西洋運載新大陸和亞洲貨物往西班牙的，只能是小型船隊，這樣就要冒被致命颶風襲擊的危險。從 1565 到 1815 年這一百五十年間，在不同貿易航線上，西班牙就損失了四十多艘大帆船。

西班牙最終遇到了與葡萄牙同樣的問題：在一個通訊尚未發達的時代，難以管理一個橫跨半個地球的帝國。不僅有來自英國人和荷蘭人的競爭，還有 19 世紀初墨西哥和西班牙南美殖民地的獨立運動，種種因素迫使帆船貿易在 1815 年結束。但菲律賓仍然是西班牙的一個行省，直到 1898 年美西戰爭結束時才劃歸美國。

沉船

全球的海底到處可見沉船，其中至少有 40 艘是西班牙對華貿易的帆船。失事原因包括遇上風暴、觸礁或受水底異物破壞、遭其他商船或海盜襲擊，以及無知或疏忽。

除了保存下來的貨單等資料外，測定船隻失事日期的最有效方法之一，是對船上的中國瓷器進行鑒定，因為瓷器不管完整與否，一般都能保存下來。反過來，如果帆船

失事的日期有明確記錄，也有助於藝術史家更精確地測定中國瓷器的製造時期。

在帆船利用北緯信風和水流從馬尼拉回到北美之前，先要經過一片暗礁和群島才能到達北馬利安納群島。許多帆船就在這一帶失事，最著名的一次是 1638 年駛往阿卡普爾科的西班牙「Nuestra Senora de la Concepcion」號在塞班島附近沉沒。船上大量絲綢、香料、黃金珠寶和瓷器中，只有珠寶能完整保存下來。不遠處，在關島附近，另一艘帆船「Nuestra Senora del Pilar」號於 1690 年在往馬尼拉途中失事，如今還在 250 呎深的海底下，有待打撈。早期貿易船登記的貨物，往往不表示實際裝載的貨物，因為走私品有時候比登記貨物還多，所以打撈沉船時能發現什麼，就很難說得準了。

張滿帆的西班牙帆船。蕾絲角 (Point Reyes National Park) 國家公園檔案，德雷克航海家協會藏。

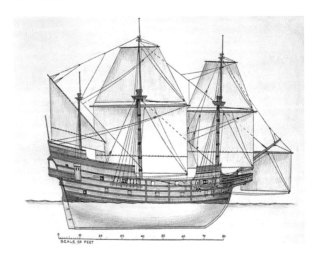

SCALE OF FEET

在 16 世紀，北美西岸還是一片未知土地。當西班牙帆船橫渡太平洋到達這裏時，由於上述種種原因，加上在海岸附近找不到能補給食物和水的安全區域，帆船很容易失事。一些船就是在加利福尼亞海岸的卡特琳娜島附近沉沒的，對海員來說，這無疑是個危險地帶。

「聖奧古斯丁」號（San Agustin）雖有三藩市附近一個海灣保護，但還是在 1595 年的一次風暴中遇難。這個海灣以英國船長法蘭西斯・德雷克（Francis Drake）的名字命名，叫德雷克灣，1579 年德雷克的船在那裏駐錨了幾個月。他在 1577 年開始出航，駛過南美南端的霍恩島，在沿太平洋海岸向北航行時，順帶劫掠西班牙船隻。德雷克究竟向北走到多遠，在哪裏停泊，目前尚有爭論，但這個海灣在 17 世紀初的一份英國地圖上已經這樣命名了。

德雷克灣如今屬萊斯岬國家海岸公園管轄區，「聖奧古斯丁」號在這一帶的確實行蹤尚待研究。這裏發現了數百枚中國瓷器碎片，有人猜測這些瓷器不僅來自「聖奧古斯丁」號，也許有的是德雷克來這裏時留下的。德雷克航海的早期記錄中，的確提到從西班牙船上搶來四箱中國瓷器，但把瓷器這類夢寐以求而且價值不菲的商品留給當地土著，似乎有點不可思議。不過，德雷克的「金鹿」號（Golden Hind）很小，很可能需要裝滿儲備才能應付橫越太

印第安人箭頭、中國瓷、青花瓷改裝的箭頭，17世紀，長2.1厘米。在美國西海岸許多地方都發現中國瓷器碎片，很可能來自遇險沉船。瓷片箭頭是在內哈勒姆－迪拉莫克印第安區的房舍考古遺址發現，當地印第安人可能對這種奇怪的物料很著迷，便把瓷器削薄製成箭頭。俄勒岡州迪拉莫克開拓者博物館（Tillamook Pioneer Museum）藏。

平洋的長途航行，所以決定不帶瓷器上路。

由於許多沿這條海岸線航行的帆船都裝載中國的青花瓷，所以瓷器碎片出現在不同地點不足為怪。帆船也不一定是在發現瓷器的地方遇險的，因為沿岸印第安人聚居處的貿易很活躍。

俄勒岡北部沿海發現了大量蜂蠟（也是從亞洲運來的常見商品）和中國瓷器碎片，也許1707年「三藩市賽維爾」號（San Francisco Xavier）帆船在尋找拋錨地時在附近失事。19世紀搜集的美洲土著民間傳說，提到史前時期的沉船，以及混進土著社會中的倖存歐洲人。但最可注意的是，在這一帶的內瀚勒姆—迪拉莫克印第安社區的考古發掘中，發現了用中國青花瓷改裝的印第安人箭頭。

在加勒比海的西班牙貿易航道中，每年至少有一支由不同船隻組成的小船隊離開西班牙，到達加勒比海時分為二隊。一隊駛向維拉克斯做買賣，並裝上亞洲來的貨物；另一隊向南往南美西班牙屬港口，用製成品交換新大陸的產品：銀、金、煙草、巧克力、寶石、糖，以及其他土產。兩隊小船隊在哈瓦那會合，補充給養，再由武裝帆船護送返回西班牙。船隊向北行駛，靠近現在的佛羅里達，在那裏利用灣流橫渡大西洋。船隊在這個區域曾分別在1622、1715和1733年三次給颶風摧毀，經濟損失足以削

弱西班牙帝國實力。

西班牙在船隊失事後雖盡速進行打撈貨物的艱鉅工作，但不可能一件不漏撈回。在整個墨西哥灣和加勒比海的十幾次沉船意外中，現代打撈人員只能尋獲幾艘失事船隻。當中最出名的是「Nuestra Senora de Atocha」號，那是 1622 年船隊中裝滿寶物的帆船，載有價值二百多萬比索的新大陸金銀錠和其他貴重物品。尋寶傳奇人物梅爾·費舍（Mel Fisher）經過十三年的打撈，於 1970 年代初發現了沉船殘骸，打撈出價值六千多萬美元的物品。

值得注意的是，「Atocha」號和其他在哈瓦那至西班牙航道上的失事船隻，並不像其他地方的沉船那樣載有大量中國瓷器。這些船隻載貨單上開列的，通常是新大陸的珠寶，如金和銀。再加上西班牙陶瓷業不像墨西哥那樣受中國瓷器重大影響的事實，可以推測許多從菲律賓運來的中國瓷器是在新大陸市場銷售的。

東印度公司

英國和荷蘭的一些民間組織預期市場大有發展，便成立了兩間專門從事亞洲貿易的公司。這是一種新的貿易取向，因為東印度公司不像西班牙和葡萄牙的航海貿易那樣受到皇室支持，而是把風險分攤給眾多股東，他們都認為

繪有東印度公司紋章的有蓋湯盆，1805年，寬28.5厘米。由於東印度公司壟斷亞洲貿易，引起其他公司不滿，其中一家公司於1698年獲國會批准與其合併。1709年，新東印度公司使用新的紋章，這個繪上新紋章的湯盆是公司在亞洲所用的套裝餐具之一。新古典主義飾邊反映了英格蘭口味的變化，以及陶匠約西亞·韋奇伍德 (Josiah Wedgwood) 圖案設計的影響。溫特圖爾博物館 (Winterthur Museum) 藏，Charles K. Davis 贈，56.46.114。

這門生意有利可圖而樂於投資。英國和荷蘭的公司利用葡萄牙貿易帝國衰落而產生的缺口，互爭長短，後來丹麥公司（成立於1616年）、法國公司（成立於1664年）和瑞典公司（成立於1731年）也加入競爭。

東印度公司於1600年在英國成立，獲女王伊莉莎白一世特許為「倫敦商人東印度貿易公司」。特許狀批准這家公司壟斷所有東方貿易，是以人們時或稱之為「尊貴的公司」。專利為期十五年，後來改為沒有期限。第一批投入亞洲的資金獲利甚豐，公司不再採用贊助人認購某次航程的方式，轉而出售公司整體業務的股份，大大降低了投資者的風險。股份根據當前市價買賣，使公司可以用售股所得

營運和發展，然後分紅給投資者。公司從 1600 到 1833 年間每年從倫敦出航的次數不一，但合計超過 4,600 航次。

東印度公司加入當時範圍最廣，盈利最厚的「香料競賽」，首批船隻駛向爪哇西部的萬丹港，在那裏的大市場裝運胡椒。像其他東印度公司一樣，英國人在貿易中除了銀外，沒有其他貨物可作交易。

公司嘗試在中國建立據點，發現廣州這華南大港的交易利潤豐厚。英國公司在那裏購買茶葉、絲綢和瓷器。在 18 世紀末，茶葉是利潤最高的商品，佔公司貿易 60% 左右。與向歐洲進口精美瓷器的荷蘭人不同，英國人購買了大量利潤相對菲薄但實用的套裝餐具和茶具，因為在 17 世紀末，喝茶及茶具在英國風靡一時。公司有一項政策，允許船長、押運員和其他辦事員乃至水手可以進行一定數量的私人買賣，賺取個人利潤，他們一般搜尋精緻的瓷器，尤其是指定式樣的款式。

1602 年，荷蘭聯合東印度公司在阿姆斯特丹成立，由許多相互競爭的民間貿易公司組成，這些公司聯合後足以與葡萄牙和西班牙的亞洲貿易壟斷地位抗衡。荷蘭東印度公司主要是一支龐大的武裝掠奪性船隊，部分收入上繳國家，以換取行使政府職能的權利：發動戰爭、締結條約和管理貿易。與其他貿易公司相比，荷蘭東印度公司擁有

胡椒是中國、葡萄牙和荷蘭商人在爪哇和蘇門答臘努力搜求的物品。據威廉·馬斯登 (William Marsden)《蘇門答臘史》，1738 年。

45

荷蘭聯合東印度公司的瓷盤，日本江戶時期（1660-1680 年）製品，直徑 38.9 厘米。荷蘭公司按市場需求買賣中國和日本瓷器。這個印上荷蘭東印度公司紋章的日本瓷器，可能是公司在巴達維亞和荷蘭的專用瓷具。其圖案使人想起那個世紀初流行的克拉克瓷。西雅圖藝術博物館藏。Floyd A. Naramore 採購基金贈品，75.58。

更大的權力，更多的資金，更多的船和人員，由於有武力支援，因此很快主導了亞洲貿易。這種方式能保證利潤豐厚、風險極小，荷蘭投資者都十分贊成。

荷蘭人通過海上激戰削弱了葡萄牙人的力量，把他們趕出有香料島之稱的班達和摩鹿加群島，成功掌控香料的供應，確保其他公司難以染指。為了在中日貿易中與葡萄牙人較量，他們在日本南部的平戶定居。荷蘭的商業帝國宏圖，還包括在爪哇島上建立巴達維亞城，以此作為指揮東南亞和印度貿易的總部，還在台灣（當時是荷蘭殖民地）設立堡壘，充當對華貿易的集散地和中日貿易的中途站。

在 17 世紀，中國的帆船把各種瓷器帶到巴達維亞，荷蘭民間商人在此購買瓷器，運返國內。荷蘭東印度公司的船員和旅客往往因利乘便，自行販運瓷器。1613 年荷蘭「白獅」號（Witte Leeuw）沉沒，船上裝運的既有精品也有粗糙的克拉克瓷器，從打撈出來的瓷器可見，其中很少列入正式運貨單。

喬克（C. J. A. Jorg）在《荷蘭市場上的瓷器》一文引錄了東印度公司 1694 年發給巴達維亞一項指令中的決議：「走私者帶來之大量貨物使價格大幅下滑，也佔據船上太多空間。閣下也曾表示汝等無法獲得珍稀商品，而沒有此等商品，利潤將微乎其微。」由於經濟和政治原因，抑制私人貿易的措施從未強制執行，喬克列出了一些數字，

雅加達附近萬丹遺址。離雅加達西面不遠的亞洲萬丹港，過去曾是歐洲商人的龐大亞洲商品交易市場，現已面目全非。照片由甘雪莉提供。

47

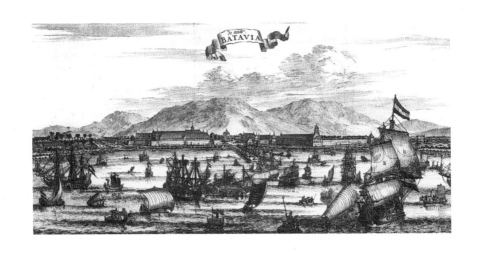

停靠在巴達維亞的單桅三
角帆船及貿易船。據蕭騰
(W. Schouten)《東印度航
行》，阿姆斯特丹，1676
年。

說明私人貿易的重要：每年運抵巴達維亞的 200 萬件商品
中，有 120 萬件就地交易，其餘由荷蘭東印度公司和私人
集團均分。到這個世紀末，荷蘭東印度公司甚至無心搜購
瓷器，直至 1729 年在廣州直接與中國貿易後才恢復瓷器運
載。這時運往歐洲的貨物中瓷器才相對較多，單單從 1752
年由中國航向荷蘭途中沉沒的荷蘭東印度公司商船「蓋爾
德麻爾森」號 (*Geldermalsen*) 上，就打撈出 24 萬件瓷器。

　　積極進取的荷蘭東印度公司似乎總是搶在英國東印度
公司的前面，因此兩家公司紛爭不絕，而且往往爭個頭崩
額裂。可是，到 17 世紀接近尾聲，建立堡壘、供養駐軍以
保護貿易壟斷的花費，吞掉了大量利潤，荷蘭東印度公司
發現自己跟不上日益強大的英國東印度公司。與其他東印
度公司，尤其是英國東印度公司連年搏鬥的開支，加上過

分擴張的帝國屬土政治動盪，國內日趨腐敗，致使荷蘭東印度公司於 1798 年瓦解。英國東印度公司比荷蘭的多活了三十五年，1833 年一項國會法案責令貿易向所有船運組織開放，結束了英國東印度公司對亞洲貿易的壟斷。

克拉克瓷

　　從 16 到 18 世紀，出口到全球的中國瓷器越來越多，也越來越受歡迎。當從葡萄牙商船搶過來的貨物在市場上首度亮相，眾人莫不目炫於這些來自亞洲的精美商品。荷蘭人在馬來亞附近搶走的「聖卡特里娜」號（Santa Caterina）載有逾十萬件中國瓷器，1604 年這批貨在阿姆斯特丹銷售時引起轟動，從而使瓷器市場走出了皇室和貴族的圈子。

　　荷蘭東印度公司從 1604 年這趟獲利豐厚的銷售，很快看到市場的潛力，因而極力加以推動。中國帆船把瓷器運

停泊在黃埔灘的船隻，油畫，1795 - 1805 年。18 世紀末，從停泊在廣州附近黃埔灘的船隻數量顯示，英國開始成為對華貿易的主要歐洲大國。畫中有三艘船高掛英國國旗，也有丹麥、瑞典等其他國家的船隻。這裏看到的東印度公司商船是 18 世紀對華貿易中最常用的船。船身長約 170 呎，約有百名水手。溫特圖爾博物館藏，Henry Francis du Pont 贈，63.509。

大型克拉克瓷碟，1595-
1610年，直徑51.5厘米。
私人藏品。

到巴達維亞，在那裏荷蘭東印度公司搜集瓷器和其他歐洲渴求的商品，然後運往阿姆斯特丹。中國瓷器大量運抵，使歐洲瓷器市場得以平民化，滿足了當地的「瓷器熱」。

當時的人稱這種來自中國並傳遍全球的中國青花瓷為「克拉克瓷」（Kraak）。「克拉克」之名也許來自一艘從亞洲運來瓷器的葡萄牙商船，雖然到了16世紀末，葡萄牙和西班牙轉而使用更大的帆船，但還是沿用舊稱。荷蘭東印度公司把運往歐洲的瓷器通稱為來自「東印度」，克拉克瓷這個名稱是後來採用的。現在，這名稱指的是具有某些特徵的中國青花瓷。

克拉克瓷的特色在其紋樣和壓模瓷身。這類瓷器一般

很薄、精細，但易碎，邊角容易破損。瓷釉光亮，足底有時黏附沙粒；環繞口邊繪有藍色分格，上面有各色花卉和幾何圖案。克拉克瓷的質量頗參差：藍色筆觸有時只是一抹蒼白，有時是淡淡的銀灰，但最動人心魄的成品，卻深沉有力。有些克拉克瓷的外形可能以金屬器皿為模型，藍色輻射型分格也許源自伊斯蘭圖案，這種圖案也影響了西班牙摩爾式（Hispano-Moresque）陶器和意大利的琺瑯陶器。

另一件克拉克瓷盤上的雀鳥。私人藏品。

克拉克瓷盤的中心，通常都圍繞這些具裝飾作用的分格，分格之間大都用小點線或葵花莖分隔，中心繪有花卉和鳥獸，或風景。跟刻板和標準化的皇族裝飾相比，克拉克瓷清新活潑，自然隨意，非常吸引國內和海外顧客。最好的克拉克瓷瓷身纖薄，圖案精美，比得上御用瓷器；最樸實的克拉克瓷，則僅可用作餐具而已。

研究人員一直沒找到燒製克拉克瓷的瓷窰，直到1990年代才在福建平和縣的瓷窰發現克拉克瓷碎片，但品質較低。在中國古陶瓷協會2004年會議上，曹建文報告，對景德鎮舊城區一些瓷窰的最新挖掘顯示，克拉克瓷的確是在景德鎮製造的，有些瓷窰燒製的克拉克瓷品質較高，但未發現專門燒製克拉克瓷的窰場，即使在生產最優質瓷器的觀音閣窰場，也沒有發現。有些瓷窰中發現供國內使用和出口的各種各樣藍色彩釉瓷片，這說明瓷器可能是在不同

18 世紀琺瑯彩克拉克大瓷碟，直徑 35 厘米。此碟在景德鎮製作，但圖案卻類似汕頭窰瓷。歐洲瓷器畫工大量抄襲這種鐵紅色花籃圖案（參看頁 116 的茶具）。私人收藏。

的工場生產，然後集中到本地瓷窰以木火燒製。

從 1643 年沉沒的「哈察」號（*Hatcher*）打撈上來的克拉克瓷外形可見，克拉克瓷的製造時期在晚明萬曆期間（1573 - 1619 年），經天啟（1621 - 1627 年）到 1644 年明亡。一些早期的繪飾碎片，可視為克拉克瓷的先驅，稍後的碎片則顯示西方風格已滲進傳統的設計。觀音閣窰場的一些克拉克瓷碎片帶有萬曆和天啟的年號，有助確定這些產品的製造年代。

通過間接方法也能幫助確定克拉克瓷的年代，例如，從荷蘭東印度公司檔案對船上貨品的描述，從歐洲繪畫中

所見的瓷器（可能是為了提高畫中背景的地位），還有從沉船打撈上來的瓷器，而船隻的失事日期是有明確記錄的。

沉船上的瓷器

遠在歐洲人來到亞洲之前，中國的瓷器已外銷到亞洲各地，此後出口取決於當時的政治形勢而時斷時續。儘管1699年以前歐洲公司與中國沒有定期的直接貿易，但在巴達維亞、台灣和馬尼拉等轉運站，仍能間接獲得瓷器和其他商品。那還不是「自由貿易」，因為中國官員對通商船隻控制管理得很嚴。但官員與強大的海盜間持久的角力，各東印度公司之間鬆散的關係，往往令貿易無法有效和安全進行，並且高度政治化。在這情況下，亞洲貿易的人為風險並不亞於風暴、觸礁等自然災害。

早期的遠航，船隻失事經常發生，近年一些載有瓷器的失事船隻陸續被發現，備受注目，其中的一些曾有考古紀錄並已進行打撈。這些船隻有的是由中國到歐洲的亞洲轉運站航線上的中國帆船，也有繞非洲航行、由於各種原因失事的歐洲船隻。每艘沉船都是一個時代的時間囊，考古學家如果有運氣和耐性，就能揭示關於船隻及其時代的許多信息。

遺憾的是，水下考古是一門新學科，並非所有沉船都

根據公認的方法來進行發掘的,因此未能審慎和有系統地記錄文物的背景及文物本身。雖然這種情況有所改善,但過去對沉船的挖掘一直志在尋寶,挖掘人員腦子裏只有打撈財物,丟失了許多有價值及不可替代的資料。

沉船意外有時因有文字紀錄而能確定其位置,早期貿易國家的權力所在地都有很多這樣的記錄,如里斯本、西維爾、倫敦和海牙,都保存了有關國家亞洲貿易的詳細紀錄:船隻、貨物、航線和結果。對瓷器研究者而言,雖然具列瓷器數量和類型的清單有時寫得草率混亂,但還是很有用的研究基礎,而沉船上發現的瓷器雖然可能已損毀,但碎片還在,可以確定或推翻瓷器風格、出處和製造日期的既定知識。

拿載有瓷器的沉船與其他確定日期的沉船進行比較,有助研究圖案設計的歷史沿革,尤以克拉克瓷為然。隨著沉船的不斷發現和研究,克拉克瓷的生產年代也在不斷修正。

拿從 1600 年在馬尼拉灣失事的「聖地牙哥」號(San Diego)打撈上來的青花瓷,與 1613 年在非洲西岸聖海倫拿島附近火拚中沉沒的「白獅」號上的進行比較,可以發現克拉克瓷的紋樣在 17 世紀初變化不大。這不難理解,因為儘管兩艘船從不同的方向駛往西方市場(「聖地牙哥」號從馬尼拉到新大陸,「白獅」號從巴達維亞繞過非洲霍恩島去

典型克拉克風格瓷碟,中心是雀鳥紋,1643 - 1646 年,直徑 28.8 厘米。於沉沒南中國海的中國「哈察」號上發現,確定明代末年仍有克拉克瓷出口。私人收藏。

歐洲），船上的瓷器都是來自中國商人，而這些商人都是在萬曆年間克拉克瓷生產高峰期向景德鎮瓷窰取貨的。

另一方面，兩艘在 17 世紀末失事的船隻在比較下顯示出較大的差異。首先，它們似乎都是從中國東南部駛往巴達維亞的中國帆船，載有銷往巴達維亞市場的瓷器。其次，它們的失事時間前後相隔四十五年，因此瓷器的設計可能在這段期間發生了變化。

由邁克爾·哈察（Michael Hatcher）船長發現並打撈而得名的「哈察」號，約在 1643 到 1646 年間沉沒於南中國海，原因不明。這艘船在中國東南港口裝貨後，可能在抵達巴達維亞後卸貨，然後分批轉銷往其他亞洲市場。在船

「哈察」號上的瓷瓶，1643 - 1646 年，高 18.5 厘米。這艘載著瓷器的中國船很可能在駛往巴達維亞途中沉沒，其中大部分於 1984 - 1986 年在阿姆斯特丹四個拍賣會上銷售。私人收藏。

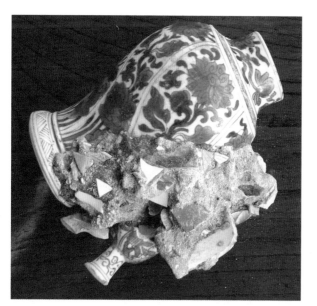

「頭頓」號上的破碎瓷壺，1690 - 1695 年。「頭頓」號上貨物駁雜，其中瓷器是運往荷蘭或東南亞其他市場的。這艘中國船可能是前往巴達維亞途中在越南附近沉沒，若抵達巴達維亞，貨物將分銷給各地買家。私人收藏。

上打撈出約 25,000 件瓷器，其中部分可能運往荷蘭，裏面有些是品質較次的克拉克青花瓷，有些是優質的瓷器，其紋樣顯示新的方向。整體瓷器類型很多，品質不一，似乎說明這艘中國船運載的瓷器是為了滿足品味和富裕程度不一的巴達維亞商人。

另一艘中國沉船叫「頭頓」號，是 1990 年在越南海岸發現的。失事日期可以確定是在 1690 年代，似乎是因失火而沉沒。與「哈察」號不同，它運載的只有青花瓷，有些銷往亞洲市場，不過許多的形狀和圖案都較適合歐洲客戶。奇怪的是，沒有開放型的款式，如適合歐洲市場的盤、碟、碗和茶托，大多數是封口型的器皿，如芥末罐、茶壺、高身杯、大口酒杯、裝飾品和小型花瓶。這些瓷器不僅表明歐洲的口味在變化，而且顯示中國陶匠願意根據訂單附來的圖樣或模型塑造新的形狀。這類專為歐洲製造的瓷器，裝飾與實用性並重，多半由民間商人訂製，以期乘著當時瓷器的潮流，獲取更大利潤。

另外兩艘在越南附近南中國海的沉船，為 18 世紀瓷器生產和貿易增加了新的知識。首先，1998 年在越南金甌省附近發現並命名為「金甌」的一艘中國船，像「哈察」號一樣裝載著各種瓷器，也可能是在開往巴達維亞途中失事的。從船上打撈出的瓷器約十三萬件，其中有刻有「雍

這件有蓋套盒長 19 厘米，可能來自 1488-1505 年的「勒納」號 (Lena)。這艘中國船約在 1500 年在菲律賓勒納灘失事，於 1997 年被發現。船上載有大量青花瓷（類似圖中式樣）和青瓷，反映 1511 年葡萄牙人到中國前瓷器在亞洲的貿易狀況。私人收藏。

正年製」（1723 - 1735 年）款識的青花茶碗，和刻有「大清雍正年製」款識的碗。

　　這些款識能證實一種猜想：一個時期的紋樣會延續到下一個時期，因為船上的碗和其他瓷器的風格，過去被認為屬於康熙朝（1662 - 1722 年）。由於「金甌」號上的發現，考古人員對同類風格瓷器的年代開始重新確認。

　　歷史脈絡比較清晰的荷蘭沉船「蓋爾德麻爾森」號，於 1752 年在新加坡以南沉沒。1748 年它首航亞洲，為亞洲區內的貿易服役數年，最後從廣州裝載了瓷器（主要是銷往歐洲市場的茶具、咖啡具、套裝餐具，還有青花瓷和彩釉瓷）駛往歐洲。這批貨物一直被叫做「南京貨」（這是 18 世紀中國瓷器的統稱），其中不少在 1986 年由克利斯蒂拍賣行拍賣。到這個時候，瓷器已經標準化，更實用，市場也

茶杯，高 7 厘米，或來自紅海「薩達納」號 (Sadana) 沉船，1750 年。精緻非常的小茶杯上，還保留著製作時滲透瓷身的釉下藍，但彩繪花葉紋則早因沙和海水侵蝕而消失。私人收藏。

擴大了。這次航程本來承運約二十五萬件瓷器，雖然實際付運的數量沒有那麼多，但對於已經能自行製造真正的瓷器及仿製品的歐洲來說，這個進口數字依然是驚人的。

運載瓷器的中國和歐洲沉船的發現，將陸續有來。這些與亞洲貿易史直接相關的有形物品，對於學者來說是一種重要而有限的資源，如果不能以科學方法發掘、保存和披露的話，無疑是一大浪費。

過渡期瓷器

商人、拍賣行和藝術史家把有些中國瓷器稱作「過渡期瓷器」，「過渡期」由明萬曆最後一年（1620 年）到清康熙二十二年（1683 年）。明亡清興，過程至為慘烈，期間明朝經濟崩潰，社會動盪，滿洲人自關外揮軍入關，順治登帝位，是為清代第一個皇帝。之後動亂仍延綿不絕，對大明的征服直到 1683 年才完成，期間在東南、南部和西南地區鎮壓明室支持者的戰爭，引起福建和廣東的混亂，而那裏的港口正是與日本人和荷蘭人進行貿易的集中地。

清廷全力鎮壓明室支持者，尤其是對付鄭成功。台灣人稱鄭成功為國姓爺，是他把荷蘭人從台灣趕走的。鄭成功以搶掠和海上貿易的方式為抗清活動籌措資金，活動範圍涉

康熙皇帝（1662-1722 年在位），絲綢畫。北京中國歷史博物館藏。

及日本、菲律賓、中國台灣和福建。為此滿清採取了兩項措施，並因而直接干擾了瓷器貿易。一項是在 1656 年禁止海上貿易，另一項是強迫沿海居民內遷。這兩項措施是造成中國瓷器出口持續下降的主因。到順治年間，中國的瓷器出口只有 1602 至 1644 年的 30%，在 1662 至 1682 年的二十年間，瓷器出口量下降到 1602 至 1644 年的四分之一不到。

明代的最後幾朝，皇室訂製的瓷器數量極大。陶工要製造數以萬計的瓷器，而製作御用瓷器的難度又極高，造成量多質次。但經過一個世紀與日本和歐洲的瓷器貿易，陶工已有能力製造任何市場需要的產品。

專為皇室效勞的御窰不是景德鎮唯一的瓷窰，這裏還有大量私人的民窰，裝飾瓷器的紋樣更活潑生動。這個現象在過渡期的瓷器上特別明顯。萬曆末年皇室訂單急劇下降，由越來越多的民間訂單取而代之，裝飾圖案擺脫了皇室的束縛，自由地創造出深受國內外市場歡迎的主題。

包括順治時代在內的過渡期，出現了新的形式和風格，為兩個王朝的瓷器架起了承傳的橋樑。例如，順治時代的一個創新是把 17 世紀初中國風景卷軸畫搬上了瓷器。另外，順治個人酷愛《西廂記》，也充分解釋為什麼順治之後這劇目成了瓷器裝飾的熱門主題。在 1980 年代前，人們對順治朝的瓷器所知甚少，自運載產於 1643 至 1646 年

取材自《西廂記》的木版
畫，陳洪綬繪，17 世紀
中葉。木版畫有助識別瓷
器上的景觀，瓷器上的人
物和圖案有時與印刷插圖
相似。

間瓷器的「哈察」號被發現後，研究確定某些過去製作日

期不詳的瓷器為出自順治年代，這有助了解它們對中國 17

世紀瓷器發展的影響。

　　與克拉克瓷相比，過渡期瓷要厚重一些，但瓷體和彩

繪的質素較高。沒有了皇室的大額訂單，陶工為出口貿易和

國內主顧製造出更多瓷器。國內主顧主要是士大夫家族和附

庸風雅的商賈。新的主題及圖案反映這兩個新興市場的趣

味：文人騷客及其韻事、佛道人物故事、動植物、風景和吉

祥物。這些圖案也深受國外市場歡迎，因為它們不僅漂亮美

觀，畫工精細，對歐洲人而言還代表了東方的異國情調。

1680 年，康熙決心重振瓷器業，在五年前的三藩之亂中被破壞的景德鎮瓷窯迅速重建，不僅恢復瓷器生產，隨著 1680 年代海上貿易解禁，出口也恢復了。康熙欽點一名督窯官負責組織和監督御窯的運作，同時管理為國內外市場製造的瓷窯。殷弘緒神父在 1712 年的一封信件裏，詳細介紹了黏土、瓷釉及陶瓷業，其中描述了流水作業的情況：

「在工場裏繪畫工序分工合作，一個畫工只在器口畫上色圈，另一個人畫上花朵，由第三個人上色；這個人畫山水，那個人畫鳥獸。」

17 世紀中、末葉，中國瓷器的風格出現變化，青花瓷的圖案開始採用彩釉，最後發展成一種法國人叫做「famille verte」（五彩）的新品種。這個歐洲稱號，指的是以透明綠釉為主色的中國瓷器，製作工序先是上一層釉下藍，然後上釉上藍，還有一些其他顏色。所有瓷釉都是透明、寶石般的色調，只有深色的氧化鐵紅除外。顏料的流動性很強，使畫匠能畫出非常精細的幾乎類似鉛筆線條的圖案。康熙瓷有三大裝飾風格，青花瓷和五彩瓷正是其中的兩種。

第三種裝飾圖案在康熙後期十分普遍，叫「中式伊萬里瓷」（Chinese Imari），是瓷器風格演變的重大發展。由

於 17 世紀前二十五年皇室訂單減少，景德鎮瓷窯開始為國內和日本市場製作越來越多的瓷器。日本市場的需求推動景德鎮發生變化，配合市場對指定形象和裝飾的要求，成為這一行的重要條件，就像後來配合荷蘭和英國的指定規格一樣。尤其是在天啟年間，已經有不少為日本製造的日式造形和裝飾的青花瓷。

由於在日本九州發現了一種瓷石，當地的瓷器業在 17 世紀初開始發展。其形體和裝飾十分簡單，銷售予本地市場。17 世紀中葉，中國改朝換代的亂局打擊瓷器出口，荷蘭正在尋找新管道以解決供應不足的問題，日本陶工就利用這時機，開始為荷蘭生產陶瓷。以九州港口伊萬里命名的日本伊萬里瓷，特色在於釉下藍上面，再加上鐵紅和金色的面釉，圖案是花卉和幾何形狀的簡單或複雜的組合。這種對比鮮明的色彩和圖案在歐洲大受歡迎。

不過，日本瓷器只有在中國瓷器業不振的情況下才有機可乘。到 1680 年，中國瓷器業重整旗鼓，中國陶工很快採納了伊萬里瓷的設計，造出自己的「中式伊萬里瓷」。最初，設計競尚新奇，但由於 18 世紀前二十五年生意興旺，也就無暇顧及創意了。中國瓷器業力量本就強大，加上朝廷的支持，使日本瓷窯處在極不利的地位。到 1740 年代，日本出口市場為中國更廉價的瓷器佔據，但伊萬里風

18世紀初的中式伊萬里瓷盤，直徑23厘米。1683年景德鎮重建後，中國瓷器業佔據了日本伊萬里瓷的市場。釉下藍配釉面金紅的鮮明色彩組合，深受歐洲人喜愛。私人收藏。

中式伊萬里瓷盤，1720－1740年，直徑23.3厘米。私人收藏。

中式柿右衛門風格瓷碟，
1700 年。私人收藏。

格的瓷器依然是出口市場的熱銷貨，許多歐洲工廠也生產
出自己的釉彩瓷。

　　另一種日本瓷器叫「柿右衛門瓷」，對中國瓷器的影
響較小，但也值得注意。它的名稱來自九州有田町一個陶
瓷家族，這種瓷器約在 1685 年開始生產，特徵是優質純
白瓷體，附有少量雅致的不對稱裝飾圖案。主題（花、風
俗畫和鳥獸）基本取法中國，稍加改變以適應日本的審美
趣味，如精心佈置圖案，刻意留白以產生空靈之美。柿右
衛門瓷的圖案用鐵紅、綠、藍、黃、青綠和少量濃重色調
和，在釉上著色。這種瓷器對歐洲陶工有巨大而多樣的間

接影響。跟其他出口瓷器比較，它較為貴重，收藏者主要是有錢人，最著名的收藏家有薩克森選侯和波蘭國王奧古斯都二世（Augustus II）。柿右衛門瓷的魅力不凡，其圖案和顏色成為許多歐洲作坊的主調。

17世紀末，由於中式伊萬里瓷和柿右衛門瓷銷往歐洲，掀開了瓷器圖案傳承的新篇章。日本過去模仿中國，中國現在反過來模仿日本，歐洲人又模仿中國和日本的瓷器，隨後中國又模仿歐洲，相互仿效。這個過程與其說是藝術影響過程（產生了一些非常漂亮珍稀的瓷器），不如說是經濟發展過程，只要製造商認為某種造形和裝飾能在某個市場暢銷，就會落實生產。東西方風格互為影響，主題互相承襲，冒出一批又一批令人著迷的新瓷器，以致人們不時提出這樣的問題：「究竟誰抄襲誰？」

3

中國風格

紋章

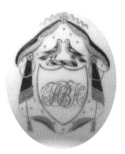

歐洲的迴響

中國熱和繪畫

錄自《致一位迷戀古中國的女士》：

是什麼激起她心中的熱情？

她的眼睛因慾火而憔悴！

她纏綿的目光如果落在我的身上，

我會多麼幸福快樂！

我心中掀起新的疑慮和恐懼：

是哪個情敵近在眼前？原來是一個中國花瓶。

中國便是她的激情所在，

一隻茶杯，一個盤子，一隻碟子，一個碗，

能燃起她心中的慾望，

能給她無窮樂趣，能打亂她心中的寧靜。

——約翰・蓋伊（John Gay），1725 年

出自岡薩雷斯·科奎斯
（Gonzales Coques，1618 -
1684 年）手筆的油畫《訪
客》，86 x 118 厘米。17
世紀荷蘭的室內畫常常凸
顯中國克拉克瓷，如這幅
畫中靠近天花板的架子上
的瓷器。它們被放在不易
受損的地方並不使用，讓
觀賞者盡收眼底，足見其
價值和地位。這個顯然是
富裕家庭，因為除了瓷器
外，還有奪目的進口餐桌
布和掛氈。藝術歷史博物
館藏，Lucien Baszanger 基
金會，日內瓦 BASZ 5。

68

69

雖然蓋伊的詩句不一定僅指來自中國的瓷器，而是泛指18世紀初市場上所有陶瓷，但反映瓷器的持續受注目及其象徵意義。人們最熟悉的青花克拉克瓷在17世紀充斥世界市場，更從不同層面引來注視目光。它是亞洲貿易帶來的明顯變化之一，不僅能供飲用剛剛流行的茶、咖啡和巧克力等進口飲料，還是最賞心悅目的裝飾品。瓷器開始出現在那個時代的繪畫中，尤其在世紀初就率先大量進口瓷器的荷蘭。

從風俗畫中可見，青花瓷有各種用途。室內裝飾用的瓷器，通常放在房間的高處，以免受損，也擺放在女士們喝茶的餐桌上。但在許多畫裏，瓷器多半被當作靜物寫生的一部分，和其他靜物擺放在一起，締造出一種別有寓意的場景。

幾位荷蘭畫家的成名作中也有中國瓷器。這些寫實的「逼真立體畫」，旨在產生一種仿真度極高的視覺效果。由於瓷器在那個時代屬於異國奢侈品，往往與鑲上珍貴金屬的螺殼、色彩斑斕的波斯地毯或銀碟等其他舶來物一起陳列，共同綻放異彩。有的瓷器上的繪畫十分精細，有助藝術史家確定它的製作日期，從而也能確定繪畫的日期。從沉船中如果發現瓷器，也能提供新的線索，使日期更為精確。

相對於明顯世俗而奢華的物體，靜物畫中也有各種別具寓意的事物。例如橘類食品中，橘子（橙）經常

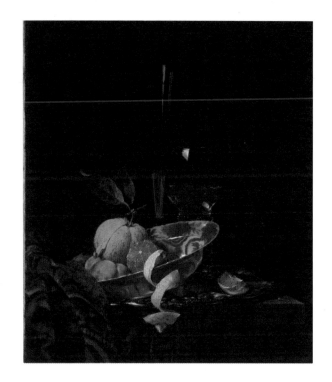

維綸·卡爾夫（Willem Kalf，1619 - 1693 年）油畫《水果，玻璃器皿和萬曆瓷碗靜物寫生》（1659 年），58.4 x 50.8 厘米。17 世紀許多荷蘭畫都以克拉克瓷作道具，尤其是維綸的作品。描繪的物件往往別有寓意，觀賞者能識別其中象徵的人物、場所和活動。由於當時中國瓷器在荷蘭社會中佔重要地位，靜物畫出現瓷器相當合理。大都會美術館藏，Maria DeWitt Jesup 基金會，1953 年，53.111。照片攝於 1979 年。

出現，有可能暗喻荷蘭的執政者奧蘭治家族（House of Orange）。許多繪畫也畫了被吃掉一半的食物和杯盤狼藉的餐桌，寓意宴飲者已去，歡樂何其短暫。同樣，一幅植物靜物畫中，中國花瓶裏插著豔麗而昂貴的鬱金香，其葉子卻滿是蟲斑，也許用以警惕世俗的慾望。

在 18 世紀，中國瓷器也在英國藝術家的繪畫裏出現，通常作為茶具和其他日常用品。有些大家族有正式的大型瓷器展覽室，有些家庭則精心擺設，讓瓷器作為家居裝飾。到 18 世紀中葉，隨著飲茶的流行，英國東印度公司每

年大量進口茶具。中國瓷器價廉物美，款式越來越多，加上歐洲仿製瓷器的競爭，大大刺激了人們收藏這種漂亮耐久的器物的慾望。

上述那首 1725 年左右描述癡迷中國瓷器的英詩，反映的也許和實際情況差不多。

中國：事實與幻想

歐洲對瓷器的癡迷與對中國的幻想可說互相交織。蒙古人和馬可・波羅稱中國為「Cathay」，這個名稱源自 Khitai 一詞，為「契丹」（Khitan）的後裔分支，這部落曾控制中國北方，並建立了「遼」政權（907 - 1125 年）。馬可・波羅在中國逗留期間曾在忽必烈朝中當了十七年顧問，他的暢銷書助長了人們對中國的嚮往。也由於他的書，Cathay 在整個中世紀歐洲成為中國的代名詞。

那時候大多數歐洲人對中國的了解都來自這本著名的遊記。儘管人們對他的所見所聞半信半疑，但他的描述輕易抓住了根本無從知道真假的歐洲人的想像。雖然他的許多描述以事實為基礎，但有些描述卻牽強附會；中國的許多特殊的習俗，如纏足和飲茶，他並未提及。因此，既有對個別事物的錯誤觀察，例如他說中國人使用奇怪的外來材料製作瓷器，也有對中國社會性質的全盤誤解，馬可・波羅為

內蒙古庫倫遼墓壁畫中的契丹人。

歐洲人對世界的認識，帶來新鮮而奇異的幻象。

如果說旅遊見聞主導了這種觀念，那麼進口歐洲的商品也起了同樣重要的作用，尤其是瓷器。從 15 到 18 世紀，隨著歐洲發現亞洲並與之交往，商品和資訊開始雙向流動，但歐洲雖然渴求亞洲的奢侈品，他們對跟東印度公司交易的不同國家卻缺乏認識，甚至毫無興趣，因此往往把亞洲進口貨統稱作「印度貨」或「來自東印度」。不過有一個統稱就夠了，因為這些外來奢侈品產生一種幻覺：在東方不管什麼國家，都是財寶滿地，神神秘秘的。那也是一個對歐洲人而言毫不重要的地方，只是現代裝飾和藝術圖案上斑駁陸離的幻象而已。但到 17 世紀末和 18 世紀初，歐洲流行文化卻因這種被稱為「中國風格」的來自東方的影響而發生突變。

對東方的迷醉促使歐洲人生產模仿中國風格的瓷器、漆器、繪畫、傢具、亭台，園圃和室內裝潢。史蒂文·巴里施恩（Steven Parissien）在《歐洲對亞洲的幻想》一文中探討了 18 世紀初歐洲突然鍾情東方的原因。他指出有許多因素在起作用，但重要的是心理因素：1683 年奧斯曼帝國圍攻維也納失敗後開始崩潰，對歐洲大陸的威脅減弱了，從而產生一種心理上的解脫。印度莫臥兒帝國也崩潰了，這個「剛剛衰落的」東方成了「逃避現實的幻想」的主題。

約翰·內吳豪夫（John Nieuhoff）1665 年用荷蘭語出版、譯成多國語言的《省聯東印度公司使節中國韃靼大汗國皇帝觀見記》（或簡稱《遊記》）中的插畫《南京瓷塔》。瓷塔用釉彩瓦裝飾，成為中國風格圖案的流行主題，助長了歐洲對中國的想像。

73

1800 - 1810 年的保溫瓷
盤，長 34.5 厘米。保溫
盤又叫熱水盤，有小孔可
倒入熱水以保持食物溫
度。中國風格圖案在中國
和歐洲之間相互抄襲，形
成典型的東方印象和幻
想。私人收藏。

1810 年的英國斯波德瓷
盤，直徑 24 厘米。這個
瓷盤的中國風格圖案與
中國本土製造的稍有不
同，但仍然保留了基本元
素：亭台、水、船、橋和
樹。瓷盤也模仿了費茨休
（Fitzhugh）飾邊。私人收
藏。

因此，「中國風格」主要表現的是這樣一個東方：那裏
的人性格隨和，常常在安靜的樓閣裏優哉游哉，與大自然
融洽並存，沉湎於無傷大雅的消遣中。18 世紀初的圖案滲

74

進了更多的影響，在其他歐洲設計者對東方主題重新詮釋的基礎上再加詮釋，最後，「中國風格」的更恰當稱呼應該是「異國情調」。整個亞洲的圖案丰顯可以任意湊合而不理會它們的源頭，可以任意自創成規而無視現實。在整個 18 世紀，從文學、應用藝術和裝飾藝術到建築，中國風格通過不同表現手法跌撞前行，到 18 世紀末才走完它的歷程。

瓷器奧秘的早期探索

只要有市場，商品就會充斥其間。從日本到中東，最後到歐洲，中國瓷器之所以大行其道，是因為與本地陶器相比，它更美觀耐用。陶工試圖仿製但往往徒勞，因為要取得成功就要有合適的自然資源。有些陶工也能在缺乏資源的情況下製出乍看十分近似的仿製品，他們雖蓄意模仿中國瓷器，但往往用上自身的設計，加上仿造瓷體的技術不同，產生了新而成本較低的漂亮陶瓷，在本地市場甚受歡迎。

中東與中國很少直接聯繫，沒有高溫燒製陶瓷的傳統，也缺乏製造高溫瓷必需的自然資源。中東的傳統陶瓷用的是石質黏土，器身很易破碎。因此，這類易碎的低溫瓷很少能完整保存下來。瓷胎也不是白色的，只是上了一層錫釉，在低溫燒製的器物上形成一種不透明的白色塗層，然後在上面畫上矚目的藍色圖案。在低溫瓷的瓷胎上

塗上這種釉，成為中東、歐洲，甚至墨西哥早期陶瓷生產的普遍做法，這些地方還不知道或找不到高溫瓷土。到 15 世紀，從土耳其到敘利亞的陶工不僅能仿造中國青花瓷的獨特圖案，而且能創造性地加以改造，以配合本地的需求和口味。

另一方面，越南、泰國以及後來的日本，在 14 世紀中期中國青花瓷出現在亞洲市場後，模仿得特別成功。這些國家離中國及中國的瓷器技術較近，也有高溫黏土，容易製造出中國瓷器的仿製品。這些仿製品一開始圍於中國瓷器的造形和圖案，後來就像中東陶工一樣，發展出具有各國特色的瓷器。

在 14 世紀，已有少量中國瓷器成為歐洲人的珍藏。有記錄的最早瓷器名為「Gagnières Fonthill」瓶，是個長頸玉壺春瓶，精緻的立體模壓裝飾上，覆罩一層淺淡青白釉，如今收藏在愛爾蘭國家博物館，約於 1300 年在景德鎮製造。這件瓷器以及另外幾件，可能是馬可‧波羅帶回歐洲的，但沒有證據支持這推測。

瓷器的稀有、美觀和神秘出處（包括製造材料和遙遠的生產國度），很自然使它成為有財勢者的珍貴禮品。Gagnières Fonthill 瓶就遊歷過許多歐洲的王室，它連同許多其他進口的中國和日本瓷器，約在 1381 年鑲嵌了貴重的

金屬支架，不僅為了修飾，還為了保護它們。從一些早期繪畫中可見到這個花瓶的金屬架，1882年出現在英國拍賣場上時才不見了。

用慣了粗糙厚重的低溫陶瓷餐具的歐洲人，從未見過如此精緻的白色瓷器。他們相信瓷器的一些奇怪傳說，說它是用貝殼、蛋殼，或精磨細雕過的石頭製作。不久他們就開始用各種材料實驗，嘗試複製出這種堅硬的半透明白色瓷器。

就像在中東一樣，大多數國家不得不使用本地黏土，因為高嶺土並非到處都有。歐洲和新大陸的陶工用本地的低溫黏土以不同方法式來製作，塗上一層不透明的氧化錫塗層。這層塗層不僅能產生精白的外觀，而且還能提供光滑的表面，以塗上對比鮮明的藍色圖案。

以低溫黏土燒製的器皿，一般只能稱作陶器。塗上氧化錫和彩釉的陶器有兩個統稱：一個叫馬略卡彩陶，是指中世紀末從西班牙途經馬略卡運到意大利的陶器；另一個叫費恩扎彩陶，是指15世紀意大利費恩扎鎮為出口而製造的白底上色的馬略卡式陶器。

渴求中國瓷器的慾望激發了生產這種瓷器的慾望，托斯卡納大公爵法蘭西斯科‧梅第奇（Francesco de'Medici）開始了最早的嘗試。他從1574到1587年統治佛羅倫斯，

1575 - 1587 年佛羅倫斯梅第奇工場製造的軟質瓷大口水罐，高23.3厘米。大都會美術館藏，J. Pierpont Morgan 贈，1917 年，17.190.2045。照片攝於 1999 年。

就像贊助米開朗基羅和其他藝術家的他的先祖羅倫薩‧梅第奇（1449－1492年）一樣，他也是中國瓷器的收藏家。

雖然商業利益可能是嘗試的動機之一，但法蘭西斯科是一個珍稀物品收藏家，酷愛天然珍品和手工製品。他對煉金術有濃厚興趣，認為只要程序正確，一種材料就能變成另一種材料。眾所周知，煉金術士的目標是把普通金屬變成金子，儘管這個目標無法實現，但煉金術重視實驗和發現的精神，孕育出現代化學。1709年，一名德國的煉金術士可能就是歐洲第一個研製出真正瓷器的人。

不過，梅第奇在佛羅倫斯的宮廷作坊製造的瓷器並不是符合技術含義的瓷器。梅第奇的工人不懂製造瓷器必需的黏土和彩釉，或沒有提高窰溫的能力，他們使用主要由白黏土和磨碎玻璃組成的混合物來仿製瓷器。在一個生產玻璃的地區，這個方法合情合理，因為人們以為瓷器就是一種半透明的玻璃。梅第奇製作的陶瓷也是半透明的，比瓷器更輕；藍色圖案往往會稍稍滲出，釉面有時比較粗糙。

梅第奇陶瓷雖然有時令人想起西班牙馬略卡彩陶和中東伊斯蘭陶瓷的形狀和圖案，但也具有中國瓷器的美觀雅致。可是其製作非常困難，損耗一定非常大。1587年法蘭西斯科死後不久，梅第奇陶瓷就停止了生產，只有六十件

左右產品流傳至今。

葡萄牙是歐洲第一個進口中國青花瓷的國家,有可能製造出早期的仿製品。16 世紀中葉,每年有數以千計的瓷器進入葡萄牙,其中許多運往其他歐洲市場。瓷器價格昂貴,可推測本地陶工會很快看到市場契機,生產便宜的仿製品,但這類嘗試從何時開始並無文獻紀錄。

另一方面,西班牙素具製陶傳統,會使用阿拉伯人帶來的鈷藍顏料,阿拉伯哈里發帝國從 8 到 15 世紀統治過西班牙。現在已知的西班牙中國瓷器仿製品較少,可能許多帆船貿易的瓷器留了在新大陸,也可能中國瓷器在西班牙不像在別處那樣新奇,或者西班牙陶工不像葡萄牙陶工那樣,認為仿製中國瓷器有市場。

然而從菲律賓運往墨西哥的青花瓷,對墨西哥城東南的陶瓷鎮柏布拉的陶工卻產生了巨大影響。16 世紀末,精通錫釉陶器製作技術的西班牙陶工來到墨西哥,設立了製陶工場,目的也許是向貴族和教會提供常用的陶器。由於該區蘊藏適用的黏土,柏布拉已經有本地製陶業,因此西班牙陶工在那裏定居就順理成章。當地製作的陶器很粗糙、不上釉,西班牙陶工帶來新技術(如陶輪、釉和封口窯)後,當地製陶業發生了新的變化。

移居當地的陶工希望能製出在西班牙塔拉韋拉─德拉

雷納流行的陶器，用上了他們的傳統風格，這種風格早已混合了西班牙和摩爾人精細多彩的圖案。但在新西班牙（墨西哥），這種所謂「塔拉韋拉」陶器也開始受中國瓷器的影響，在白色上畫上奪目的藍色紋樣。這種陶器最後稱為「柏布拉的塔拉韋拉陶器」，以有別於原先的西班牙陶器。

到 17 世紀中葉，柏布拉陶工生產的錫釉陶器受到多

方面的影響，有葫蘆形等中國式造型，也用上中國圖案作裝飾，但並不完全照搬中國的設計。例如，葫蘆上方的球體有中國瓷器所沒有的凹陷，有時候把中國的鳳凰弄得像一隻鸚鵡，風景既有中國色彩又具有當地特色。

與亞洲的青花瓷仿製品（圖案往往很精緻典雅）不同，柏布拉生產的陶瓷顯示，當地的陶工很喜歡把鈷藍的深度和色澤變化用到極致。圖案繁複、色調粗狂濃郁，就像用大刷子繪畫出來，而且往往還有觸感：有時候藍釉會積聚在表面的小凹坑裏。柏布拉陶瓷不像西班牙塔拉韋拉陶瓷那樣經兩次燒製，而是上了釉後一次燒成，有時候會使鈷藍色滲入表層。從 1650 到 1750 一百年間，是「柏布拉的塔拉韋拉陶器」生產的黃金時代。這些陶瓷總體上具有自己的風格，通過文化交流創造性地混合了各國風格和技術。如今，柏布拉陶工仍在生產這種使人想起他們融合不同風格的傳統陶瓷。

荷蘭的彩陶業源自西班牙／意大利的馬略卡陶瓷傳統，因為西班牙在 16 世紀管治過荷蘭，17 世紀初意大利陶工又大量湧進。1602 年荷蘭東印度公司成立，美觀的青花瓷進入廣闊的市場後，已經在生產錫釉陶器的當地陶工開始模仿中國瓷器的顏色和格調。一些早期的仿製品顯示了中國和意大利的混合影響，這是中國瓷器對荷蘭陶瓷最

1620-1640 年荷蘭克拉克風格陶盤，直徑 29.5 厘米。它用陶土製作，一眼就看出不是中國瓷器，但對買不起真品的歐洲人而言，它至少與當時在歐洲非常流行的克拉克瓷圖案有幾分相像。私人收藏。

終產生重大影響的最初徵兆。1640 到 1740 年間，荷蘭陶工生產出一些最精緻的中國瓷器仿製品。清廷禁止海上貿易後，中國瓷器停止供應，在歐洲市場留下巨大缺口，荷蘭陶工抓住機遇生產出取代中國瓷器的陶瓷。

荷蘭是第一個大規模銷售中國瓷器仿製品的國家，由於這種陶瓷在德爾福特製造，「德爾福特陶瓷」（Delftware）就成為彩陶式中國青花瓷仿製品的統稱。德爾福特陶瓷的瓷體與其他彩陶相比更精細、更輕。陶匠清理和混合黏土時要十分仔細，這樣產生的高質瓷器才能與中國瓷器競爭。但在耐用性方面，彩陶很脆，茶杯或盤子的上釉邊緣

很容易碎裂。日語中用來描述克拉克瓷類似情況的一個用語，在這裏也適用，意思是「蟲咬過的」。瓷胎第一次進窰後（素坯），塗上不透明的白色氧化錫，畫上裝飾圖案，再施以清澈的鉛釉使表面光潔，隨後進行二次燒。由於中國瓷器的影響，鈷藍圖案在 17 世紀十分流行，但也使用其他顏色（紫色、棕色、綠色、紅色和黃色）。

歐洲許多其他製造商根據自己對瓷器的詮釋，使用不同材料來仿製。名為「軟質瓷」的法國式陶瓷於 17 世紀末在聖克勞德生產，到 18 世紀已有好幾家工場製造這類瓷器，並確立了暢銷地位。這些歐洲「軟質瓷」，有別於中國的「硬質瓷」——真正的瓷器。荷蘭作為中國瓷器的進口大國，沒有很大的動力去生產具競爭力的真正瓷器，只是專注生產德爾福特軟質瓷仿製品就夠了。

17 世紀中後期，荷蘭陶工移民把錫釉陶瓷帶進英國。由於陶瓷在 17 世紀風行一時，「英式德爾福特陶瓷」便成為區分英國和荷蘭製造的瓷器的一個常用語。即使在 1709 年，德國邁斯發現了硬質瓷的製作方法，在康沃爾也發現了瓷土，英國陶工仍在繼續改進他們的軟質陶瓷，並在 1750 年左右的一次嘗試使用骨灰（燒過的牛骨）來改善其透明度和白度。到世紀末，喬希亞‧斯波德（Josiah Spode）把骨灰和真瓷成分混合起來，創製了骨瓷。骨瓷的成本不

僅比真瓷低，而且更堅固。骨瓷從未真正傳播到英國以外，但它現在仍然是英國瓷器生產的一大品種。

中國瓷器甫進入歐洲，便燃起了製作本地瓷器的興趣。如前所述，表面上看，青花瓷的軟質仿製品從墨西哥到意大利都有，但沒有一種在技術上近似產自中國的硬質瓷。仿製品的耐用性不如硬質瓷，但外形美觀，消費者更容易買到，也買得起。

1697 年，弗雷德里克·奧古斯都（Frederick Augustus，1670 - 1733 年）成為薩克森選侯和波蘭國王奧古斯都二世。他不僅以熱愛收藏東方瓷器著名，而且極想在自己的領地生產瓷器。不過他最大的興趣是把便宜金屬變成金子的煉金術，這對一個開銷巨大的統治者來說自然不難理解。當年輕的煉金術士約翰·波特格（Johann Böttger）訛稱能點鐵成金時，就引起了普魯士的弗雷德里克一世注意，並把波特格召進宮裏。波特格害怕把戲被拆穿，於 1701 年逃到薩克森，奧古斯都得聞他的事跡，把他拘押以為己用。

幾年來波特格被奧古斯都囚禁在城堡，責令他變出金子。他當然做不到，奧古斯都想，讓他做科學家、經濟學家兼宮廷顧問慈恩豪斯伯爵（Count Ehrenfreid von Tschirnhaus）的助手也許更有好處。雖然波特格無法煉出金子，但他也許能幫助發現製作「白色金子」（當時人們

這樣稱呼瓷器）的方法。波特格搞化學實驗的經驗，加上慈恩豪斯在歐洲廣泛遊歷和研究所得的廣博科學技術知識，在探索瓷器奧秘的過程中正好相輔相成。

慈恩豪斯對礦物融合性的知識，以及他對瓷窯和須以高溫燒製瓷器的理解，是探索製瓷技術不可或缺的認知。1705 年，波特格依然在囚，但轉至鄰近邁斯的阿爾伯雷茨堡，繼續嘗試確定製造瓷器的真正材料。最初的成果是一種高溫紅色粗糙陶器，這是一種適合製造各種漂亮造型的材料，還有就是造出中國宜興茶壺的仿製品。最重要是搞清了不同組合的材料在受高溫燒製時，是如何互相融合的。

該區發現了白色瓷土（高嶺土），但究竟是慈恩豪斯還是波特格首先認識到製造瓷器時加入黏土的應該是石粉而非玻璃？沒有人真正知道。慈恩豪斯死於 1708 年底，就在終於成功造出瓷器前不久。雖然是兩人合力發現瓷器的奧秘，但還活著的波特格接受了大部分榮譽，現在依然用他的名字來描述這一時期邁斯的陶瓷。

在 1710 年 1 月 10 日發布的公告中，奧古斯都宣布在邁斯發現了瓷器的奧秘：

「我們的工匠也能夠提供足夠的白瓷樣本，有的上釉有的不上釉，證明由我們的土壤提取的材料，能夠用來製造瓷器，這種瓷器的透明度及其他品質，可與東印度來的

1740－1750 年邁斯風格的中國瓷盤，直徑 35 厘米。隨著 1709 年邁斯發現瓷器製造方法，打破了中國人的壟斷，中國開始生產模仿邁斯風格的瓷器。瓷盤中心式樣各異的渦旋紋飾便是邁斯圖案的特徵。私人收藏。

瓷器媲美；所有的一切使我們相信，只要經過適當的處理，這種白色瓷器將能超過東印度的瓷器，正如紅色陶器已經證實的那樣，不僅在美觀和品質上，而且在形狀的多樣化和製造大型器物如雕像、石柱和套裝餐具的能力上，均已超過東印度的紅陶……」

雖然公告中仍然把瓷器的產地說成是「印度」而不是中國和日本，但公告的樂觀語調是有道理的。瓷器奧秘的

發現為薩克森和邁斯帶來了財富，其圖案不僅為英國和其他歐洲國家所仿效，後來甚至連中國人也模仿。整個 18 世紀，中國瓷器繼續進口，以英國東印度公司進口得最多，但歐洲人的態度在改變，歐洲和英國製造的瓷器（軟質瓷和硬質瓷）的競爭，使得中國瓷器唯我獨尊的地位一去不返。

深入王侯之家

　　中國瓷器一直吸引著近東王室和貴族的注意。前面提到的伊斯坦布爾托普卡比薩雷博物館（Tokapi Palace Museum）中奧斯曼蘇丹的收藏品，以及如今在德黑蘭的波斯君王的元、明瓷珍藏，都反映早期對中國珍稀瓷器的收藏熱。托普卡比博物館的瓷器藏品包括邁斯和法國著名的里摩日和塞夫勒兩個陶瓷中心生產的瓷器，但主要藏品仍是大量的中國瓷。

　　中國瓷器在16世紀進入歐洲，數量很少，十分昂貴，主要用於王室和貴族的起居室。隨著 16 和 17 世紀瓷器的聲譽蒸蒸日上，歐洲王室遂爭相收藏和展示令人豔羨的青花瓷，並以此作為珍貴的禮品。

　　在16世紀，人們開始興致勃勃地收藏各種珍稀物品。他們闢出專用的櫥櫃，以展示和儲存異國奇珍，不但娛人娛己，也營造一種高雅的文化氛圍。由於中國瓷器在收藏

里斯本法國大使館桑托斯宮瓷器室的天花板。錐形天花飾以 16 和 17 世紀的中國青花瓷，蔚為壯觀。葡萄牙是第一個進口中國瓷器的國家，故能收集到這麼多的藏品，它們顯然不是為了日常使用，就像托普卡比的奧斯曼宮殿的許多瓷器一樣。

品中地位突出，開始從櫥櫃轉移到餐桌和架子上，成為賞心悅目的陳列品。

17 世紀荷蘭人主宰瓷器貿易，瓷器大量湧入歐洲，到世紀末，出現了大規模的收藏以及各種與別不同的展示方式。皇家（以及越來越多的富裕商人）開始把瓷器收藏和建築融合起來。這種傾向最先出現在葡萄牙。在里斯本桑托斯宮（Santos Palace）的錐形拱頂上，安裝了 260 件 1500 年到 17 世紀中葉製造的青花瓷，形狀之多樣，圖案之複雜，堪稱一絕。為了裝飾，人們把瓷器永久性固定在木架

上，成為財富和聲望的實質證明。

歐洲王室間互結婚盟，令瓷器珍藏到處轉移和重新組合，其迷人之處更為人熟知，從而推動了瓷器熱的傳播。17世紀中葉，荷蘭奧蘭治家族的兩位公主嫁給德國北部的兩位權貴：1646年路薏絲·亨利塔（Louise Henriette）嫁給布蘭德堡—普魯士選侯威爾漢姆一世（Frederick Wilhelm I）；阿爾伯蒂娜·艾格尼絲（Albertina Agnes）嫁給拿騷—迪茨的威廉·弗里德里克（William Frederick）。她們把瓷器珍藏和以之炫耀的喜好一路帶到德國，兩對夫婦都建造了瓷器室來收藏，分別位於奧拉寧堡皇宮和奧拉寧斯泰因。弗里德里克三世在1690年代重建奧拉寧堡皇宮的瓷器室時，委託奧古斯都·特維斯騰（Augustus Terwesten，1649－1711年）設計天花板畫。其中一幅描繪了高高舉著中國和日本精緻青花瓷的裸童，同時代設計師克里斯多夫·皮茲勒（Christof Pitzler）認為，這是「寓意歐洲正享用東方的果實」，畫中的青花瓷，正是室內展覽的珍品。

隨著瓷器擺設擴散到所有房間，這些房間就成為一個個設計獨特的奢華陳列室。有的裝滿鏡子，有的按瓷器的特殊形狀打造了相配襯的壁龕，簷口、壁爐周邊和牆上的托架，都擺滿了形狀和大小不一的中國青花瓷。由於日本釉面彩瓷在17世紀中葉開始流行，也在收藏品中佔據了一

丹尼爾·馬婁，《Werken van D. Marot》，阿姆斯特丹，1707 年，插圖 52。在中國熱高峰期，馬婁特把中國瓷器融入歐洲豪宅的設計。這幅壁爐架圖展示了茶杯、茶托及沿牆的瓷瓶，牆壁貼著中國風格的牆紙。瓷器甚至放在壁爐，充分說明這房間只是為了陳列主人的瓷器收藏。溫特圖爾圖書館：書籍雜誌收藏提供。

（右頁）柏林夏洛騰堡宮的瓷器室。18 世紀初布蘭登堡選侯弗里德里克三世為其妻索菲亞·夏洛特建造了這個瓷器室，設計深受丹尼爾·馬婁特影響。他們展示中國和日本瓷器的方式與歐洲其他瓷器室大同小異，豐富藏品依其形狀大小整齊排列，室內有鑲金牆壁、中國風格的繪畫和鏡子。照片由 Jim Steinhart 提供。

席之地。奧利佛·因佩（Oliver Impey）認為，1660 年代瓷器展室開始流行，正好是日本瓷器在 17 世紀中葉一枝獨秀的時期，因為當時中國瓷器仍極難得到。也有可能是因日本瓷器令人耳目一新的亮麗色彩，使瓷器擺脫了附屬裝飾的地位，成為襯托整個房間裝潢的主角。

鑲金和鏡子映出從地板到天花的架子和壁龕上陳列的瓷器，使陳列室更富麗堂皇。這種風格可能受了宮廷設計師丹尼爾·馬婁（Daniel Marot）的影響，他是法國雨格諾

91

（Huguenot）教徒，1684年從法國移居荷蘭。他設計的大型瓷器室有濃厚的荷蘭風格。荷蘭風格隨著王室聯婚傳遍歐洲，當奧蘭治家族的威廉三世1689年攜同王后「英格蘭的瑪麗」應邀返英，並成為英格蘭威廉三世國王時，這種風格也傳到了英倫。瑪麗王后是中國和日本瓷器（還有德爾福特瓷器）的熱心收藏家，雖然證據不多，但可以想像，她在漢普頓宮的多層壁爐架、儲物架和傢具上擺設瓷器，很可能影響了其他英格蘭貴族的瓷器展示方式。

柏林夏洛騰堡宮裏令人驚訝的瓷器室，是在18世紀初為普魯士王弗里德里克三世的第二任妻子索菲亞·夏洛特（Sophie Charlotte）修建的。專為收藏而設計的夏洛騰堡宮瓷器室，中國和日本瓷器混雜，給人一種色調和形狀對稱和諧的悅目觀感。二戰被毀後，這座宮殿經仔細修復，奧古斯都二世的德累斯頓茨溫格宮也修復了，這座城堡宮殿如今存放著他大部分東方瓷器藏品。

在德累斯頓，奧古斯都二世狂熱地收藏東方瓷器。也許因看到歐洲其他宮殿的瓷器室而心動，也深受其他王室收藏家的影響，他不分青紅皂白地搜羅了大量中國和日本瓷器。他有錢有勢，自可肆意收藏，藏品雖不一定只重量不重質，不過其數量之龐大，在今天看來無疑是令人瞠目的。由於數量日眾，瓷器從壁架走進瓷器室，最後滿佈整座宮殿。

　　奧古斯都先購入荷蘭宮（如此命名也許是荷蘭在引入

和展示瓷器上確有其重要地位）來存放瓷器，其後在 1729

至 1737 年間重建，並改名為「日本宮」。奧古斯都死於

1733 年，大事裝潢瓷器室的工程無以為繼，因為奧古斯都

三世對瓷器沒有興趣。

　　奧古斯都迷戀瓷器最著名的事例，是 1717 年與威爾

漢姆一世的交易，後者對軍事的熱情不遑多讓。奧古斯都以薩克森部隊的一個兵團（約六百個龍騎兵），換取 151 件大型中國瓷器，其中有來自奧拉寧堡皇宮的一些極具歷史價值的瓷瓶，這批名瓷從此稱為「龍騎兵瓶」。有見於奧古斯都對昂貴瓷器的狂熱嗜好，他的宮廷科學家兼經濟師慈恩豪斯（死於 1708 年）把瓷器稱為「薩克森之血碗」。

奧古斯都在 1721、1727 和 1779 年做過藏品盤點，最多的時候共有兩萬多件瓷器，如今有超過一半還放在茨溫格宮裏。由於種種不幸事故，如受戰火摧殘、戰後拍賣相同款式的藏品，以及 1945 年作為戰利品被大批運往蘇聯，藏品數量已大幅減少。奧古斯都在生時，曾按照一個識別系統把藏品編號刻在瓷器上，但這個識別系統很不精確，非常任意，對許多瓷器的來源都不得要領。例如，中國和日本的青花瓷都集中在「東印度瓷」類目下。但編號保留下來，為就茨溫格宮藏品和散佈全球其他收藏地點的瓷器進行比較提供了方便。

（左頁）德累斯頓國立藝術館的東方瓷器廊。在第二次世界大戰後重建的波蘭國王及薩克森選侯奧古斯都二世的宮殿走廊上，陳列著名的「龍騎兵瓶」。這些瓷器展品包括奧古斯都收藏的大量中國和日本外銷瓷。他對瓷器的狂熱驅使他努力探索瓷器製作的奧秘，並於 1709 年末獲得成功。照片由 David Brandt 提供。

色彩

主題

藝術與商業

廣州的貿易

在中國貿易最活躍的百年間，中國南端珠江口的廣州，是中國和歐洲接觸的唯一地點。從 1759 到 1842 年，它是清廷唯一准許進行海外貿易的港口。

直到清初，廣州還是葡萄牙人獨佔的地方，他們的永久領地就在附近的澳門，其他國家的貿易船難以通航。商人不得不尋找其他口岸，如在台灣的貿易點與上文提及長袖善舞的明朝忠臣兼海盜國姓爺做生意。如前所述，清廷之所以禁止所有港口的海上貿易，內徙沿海居民，就是為了對付國姓爺及明支持者的反抗，以切斷國姓爺的供應管

道。不過，澳門不受法令管轄，廣州雖然名義上封鎖，但執行得並不嚴格。1684年後，禁令解除，歐洲商人紛紛湧向廣州，1759年朝廷規定國外商人只能在廣州貿易，指定廣州為唯一的對外通商口岸，於是「廣州貿易體制」一直延續到1842年的鴉片戰爭結束。

這個體制規定，外國人必須通過中國朝廷授權獨家經營對外貿易的批發商進行交易。這些「商業機構」在中國叫「行」，後來組織成「公行」，這些代理機構各有專職，分別從事歐洲貿易、美洲貿易和東南亞貿易。朝廷授予公行商人茶葉和絲綢的專賣權，作為回報，商人負責收取進口稅及其他稅項，租借貨棧給國外商人，並管制外國人。

1791年的湯盆和座托，背景為19世紀初的廣州公行。這個湯盆和座托是英國市場獨有的套裝餐具的一部分，每件均刻有「廣州／中國／1791年1月24日」字樣。紋章屬於查德維克（Chadwick），其他四個紋章分佈四角。溫特圖爾博物館藏，63.780.1a-c，65.1601。

1785 年景德鎮的酒碗，直徑 35.5 厘米。有些酒碗上生動地描畫了廣州的公行情景。歐洲商人向中國人租借商館，活動範圍局限於珠江岸邊的小貿易區。外國人在自己的貿易行前揚起自己的旗幟：這裏中間是法國旗，左邊是英國旗。溫特圖爾博物館藏，Henry Francis du Pont 贈，60.572。

就像其他地方一樣，與公行商人打交道的國外機構叫「駐外代理機構」。在廣州，駐外代理機構設在城外的珠江岸邊。代理機構從公行商人那裏租借商館，商館內有營業區、貨棧和生活區，代理人在那裏處理貨物和賬目。商館的樓房在城牆與堤岸之間排列成行，堤岸旗杆上飄著英國、瑞典、丹麥、法國等國旗（美國人直到 1784 年才來）。繪畫和外銷瓷上也描畫了這些建築。由於英國人的數目超過其他西方國家，所以他們的商館也最大。

廣州城本身禁止外國商人進入，外國女士和火器按規定也不准進入商館。歐洲人只有在貿易季節才能住在代理機構，貿易季節通常從 6、7 月到 11 或 12 月，那時輪船要利用信風返回歐洲就必須離港了。任何想要繼續留下來的人都必須移居澳門，歐洲公司一般在那裏設有常設辦事處。

到 1833 年，在廣州交易的國外船隻的噸位，幾乎是

黃埔全景，喬治·錢納利（George Chinnery）畫派，油畫，1852年。黃埔靠近廣州，國外商船必須停泊在此。踏入7至12月的貿易季節，各國商船紛至。錢納利是英國畫家，在印度以畫肖像畫為生，1825年移居廣州。他雖然以繪畫社會人物肖像聞名，也畫類似於這幅畫的當地風景。溫特圖爾博物館藏，62.235。

十四年前的14倍。增加的貨物主要是茶葉，因為茶成了英國人喜愛的飲料。第二是絲綢，瓷器只佔很小份額，因為歐洲自行製造瓷器，中國瓷受歡迎的程度大減。瓷器固然仍有一定市場價值，也可用來壓艙，提供吃水線上較高的地方來存放怕潮的茶葉和絲綢。

瓷器貿易與茶葉、絲綢不同，不受公行壟斷。任何人都能自由從事瓷器生意，也許因為瓷器製造需要技術知識，經營也十分困難，一般商人不太可能製造大量瓷器，從而對公行構成威脅。其他洋人訂製而由廣州工場製造的工藝品如漆器、傢具、壁紙、象牙雕刻和繪畫等，可以逐向個別商人發出訂單而無須通過公行，但公行顯然也有染指這類交易。

商船的押運員到達廣州後，就根據「購貨單」去訂購

或購買貨品，並協商回航貨物的各項條件。特別訂造的瓷器永遠是個棘手問題，因為製作需時，而陶匠很有可能弄錯了客戶關於造型和裝飾的指示。後來，索性在廣州設立工場，從景德鎮運來素瓷，就地加上繪畫，這不僅加快交貨的時間，也大大簡化了押運員與畫工的中間輾轉，減少指示糾纏不清之弊。英國東印度公司職員威廉·西凱（William Hickey）在 1769 至 1770 年的貿易季節到過一間工場，在日記中他這樣描述：長廊上列滿百多個工匠，有些工匠很老，有些只是六七歲的孩子，都在忙於描畫和著色。

18 世紀中葉是出口貿易興旺的年頭，英國人做的生意比其他國家都要多。到這個世紀下半葉，東印度公司職員往往私人訂購一些式樣和裝飾特殊的瓷器，因為公司允許他們在每次航運中裝運一定數量自己喜歡的貨物。這個規定為那些願意花時間和精力來滿足客戶需求的人帶來厚利。這些瓷器在整體瓷器貿易中佔的比例雖然很少，但反映了 18 世紀瓷器市場的成熟，以及中國陶工願意嘗試製造各種稀奇古怪的瓷器。

中國對歐洲的瓷器貿易在 18 世紀最後幾十年日漸衰退，有幾個原因。歐洲對中國的觀感在變化，通過商人和傳教士的報告，對中國的理解更貼近現實，對古老中國和中國風格的幻想也就悄然淡褪；新古典主義開始流行，仍在外銷

1740 - 1745 年景德鎮的茶托，直徑 13 厘米。歐洲商人在廣州搜羅各種商品，包括架子上的瓷器。邊緣上的小船和人物圖案用上粉彩。溫特圖爾博物館藏，Henry Francis du Pont 贈，66.588。

的中國瓷器上的圖案設計也反映出這時尚，私人貿易反應敏銳，能緊貼風格的變化，當時廣州釉工製作的盤子都用上了新的圖案紋樣；除此以外，工業革命開始使洋人的注意力轉向自己國內的產品，韋奇伍德、邁斯和塞夫勒等地的歐洲瓷器流行，加速了中國與歐洲瓷器貿易的終結。不過，在 19 世紀上半葉，瓷器貿易在美洲市場依然興旺。

這時候，廣州貿易也經歷巨變。1820 年，私人貿易超

過了東印度公司，鴉片取代其他商品成為主要進口品。除了「公司船」，向公司購買私人貿易許可權的所謂「港腳船」也從孟買、孟加拉和馬德拉斯開往廣州。「港腳商人」大多數是在印度做生意的英國人，其中也有一些印度人和帕西人。東印度公司壟斷了印度的鴉片種植，特許這些民間商人在中國銷售鴉片，自己不直接參與。港腳商人出售鴉片，把收到的白銀交給公司在廣州的代理，公司便用這些錢來購買茶、瓷器和其他中國商品運往英國。於是一種三角貿易發展起來，一方是英國和印度，另一方是中國和印度，第三方是中國和英國。支配「港腳貿易」的是鴉片，它不僅解決了英國購買中國貨的資金，還有剩餘銀兩。過去，中國只進口一些奢侈品和印度的紡織品，最受歡迎的是新大陸的銀幣。如今，由於大量進口鴉片，白銀隨之外流，中國對外貿易順差突然逆轉，對外貿易的繁榮期就此結束。

外銷瓷是一種藝術品

大多數中國出口歐洲的瓷器都在景德鎮製造，少量精美的白瓷來自福建東南沿海的德化。這種瓷器用的是難以放在陶輪上成形的瓷石，以模具製成塑像，或小型餐具。這些餐具不會再作修飾，主要作裝飾用，要麼素白，要麼只有嵌貼或模壓的裝飾，如花枝或花朵。

18 世紀白瓷在歐洲深受歡迎，有「雪瓷」之譽。德化瓷石和清釉的獨特品質使瓷器呈現一種柔和、狀如凝脂，有時略帶微黃的白色，有別於景德瓷亮麗的白及對比鮮明的藍色圖案。德化的佛教人物塑像，尤其是慈悲觀音像，在歐洲非常流行，德爾福特甚至還加以仿製。

殷弘緒神父在 1712 年的信中說觀音像也是在景德鎮製作的：

「他們在這裏也製作許多觀音像，觀音懷抱嬰兒，接受不孕婦女的許願。她相當於我們的維納斯和戴安娜的古代雕像，分別在於觀音像更祥和些。」

德化許多產品可能都是針對外銷市場，因為歐洲和亞洲沿海地區都有發現它的蹤跡。洋人塑像對於本地市場和歐洲市場都是一種珍稀。不管是出於無知或故意，人像混合了中國和西方的特徵，如中國的面孔卻穿著西服，或中國式裝飾圖案裏出現西方人物，這一切都增加了異國情調。

另一件出現在歐洲瓷器架上的不尋常物品，是狀如犀角的德化杯。中國人一直認為犀角（實際上是許多密集的鬃毛，不是真正的角）具有神效，遂把犀角倒放，讓寬面在上、平窄面在下，造成杯子狀。犀角是中國本土沒有的奇珍，可供精細雕刻，其他吉祥動物也多是進口的，比如鹿，也經常出現在德化瓷杯上。

18 世紀中葉法國一幅繪畫布里昂夫人（Madame Brion）在書房的油畫中，有一隻德化杯放在壁架上，有助於說明富裕且愛獵奇的歐洲人的生活環境。夫人坐在以進口紡織品和瓷器裝飾的房間，她喝的並非如畫題所示的茶，而是桌上銀質咖啡壺裏的咖啡。顯然她想給人一種具有鑒賞力和趨時的印象，她深知這麼多從不同國家進口的有價值物件所產生的含義，那隻德化杯放在架上作為裝飾，顯得格外醒目。

在另一邊，江蘇宜興的茶壺也打開了出口市場。茶號稱具有健體和怡神的雙重作用，成為歐洲的奢侈品，價格昂貴，只有王室和富人才能享用。但 18 世紀飲茶風氣盛極一時，價格下降，對泡製這種芳香飲料的器具的需求隨之上升。

17 世紀末清德化杯，犀牛角形，杯身有雕刻及嵌貼裝飾，高 7.6 厘米。18 世紀中國多以犀牛角作為吉祥裝飾。雖然許多外銷瓷由景德鎮製作，但福建德化的小型白瓷也深受歐洲人喜愛。西雅圖藝術博物館，Eugene Fuller Memorial 收藏，33.681。

雅克－安德列‧喬瑟夫‧阿威德（Jacques-André Joseph Aved，1702-1766年），《布里昂夫人飲茶坐像》，油畫，128.6 x 98.6厘米，1750年。迎合潮流，布里昂夫人周圍全是異國物件，如壁爐架上的印度紡織品和中國瓷器。右面的瓷器是康熙朝的有蓋廣口瓶，左面是德化犀牛角杯，可能是她的異國藏品中最矚目的。西雅圖藝術博物館藏，87.99。

大多數供貿易用的茶具後來都用瓷器製造，但早在1670年代，在中國用來泡茶的宜興茶壺就已進入英國和荷蘭，可能是作為特殊奢侈品而出口的。這些不上釉的紅色瓷質茶壺可追溯到16世紀中葉明代的飲茶風氣。精美的茶壺不是大規模生產的，而是手工精製，因為當地的紅黏土遇水也不易軟化，不適合在陶輪上操作。「紫砂」黏土由細

密微粒組成，較柔韌，其可塑性適合雕刻或模壓成小型的精巧茶壺。

中國早期出口茶壺的形狀呈圓形，略矮胖，一邊是圈形把手，另一邊是筆直或彎曲的壺嘴，頂上是圓拱形頂蓋。歐洲有兩件這樣的紫砂壺可追溯日期：荷蘭格勞寧格博物館的一把茶壺上有天啟（1621－1627年）的印記，還有已經繳稅的記號；倫敦維多利亞與阿爾伯特博物館裏一把嵌上洋式金屬架高身茶壺上有丁卯（1627年）年製的印記。歷年來宜興茶壺的大小和造型有各種異想天開的變化，有壺口和把手的微妙差異，有總體造型的與別不同，有的像水果，有的像一段竹子，有的像一個瓜。由於紫砂土適合雕刻，可製成各種形狀，如今宜興陶瓷業仍在繼續發揮這種特質。

布包印綬形茶壺，龍頭壺口。1990年代初宜興製。

宜興陶工正以模壓方式製
造茶壺，1982 年。照片由
甘雪莉提供。

宜興陶工在修整茶壺的底
部，1999 年。照片由甘雪
莉提供。

歐洲陶匠很快就開始嘗試仿製紫砂茶壺。到 1680 年
代，荷蘭陶匠造出了很好的仿製品。德國邁斯也緊隨其後，
波特格造出了同樣形狀和圖案的茶壺，先是紫砂壺，然後約
在 1720 年製成真正的白瓷茶壺。宜興茶壺出現在英格蘭的
二十年內，斯塔夫德郡的陶工就造出了高溫燒製的紫砂仿製
品，連嵌在壺身的壓模小枝造型枝條也維妙維肖。

雖然中國和歐洲的紫砂茶壺看起來有點相像，但製作
方法完全不同。在 17 世紀末壓模方法出現以前，中國宜
興茶壺是用手工以九牛二虎之力刻製而成的，此後手工和
壓模兩種方法在不同時期交替流行，直到現在。最精緻的
手工茶壺用手在其表面用力摩擦，壓緊黏土，使之微微發
光。歐洲的茶壺用注漿澆鑄的方法製成，黏土稀釋成乳酪
狀，倒進模子，使之變硬成適當的厚度，把多餘的注漿倒
出。中國和歐洲的茶壺都是在半乾時加上裝飾，也有少數
例外，除了對裝飾細節偶爾有所要求外，一般都不上釉。

這些陶瓷的設計互為影響，也有時這種影響是間接
的。伊朗和中亞金屬器皿的造型和裝飾對早期陶瓷設計的
影響彰彰明甚。16 世紀與歐洲開始接觸時，中國按照客戶
要求製作瓷器已有長久歷史，因此不久就出現了新的造型
和裝飾。

瓷器造型與裝飾的配搭有時候很不協調，尤其當造

型和裝飾受到不同源頭的影響時。中國出口陶瓷的形狀也許模仿金屬或玻璃器具，而裝飾圖案可能取材自中國、西方，或兩者混合。鑑別一件瓷器是否專為歐洲市場而造，有時很困難，因為中國傳統主題也會在歐洲流行，這樣的產品可能是為兩個市場製作的。最成功的瓷器造型和裝飾應該渾然天成，互相襯托，而不是生搬硬套。

到 17 世紀中葉，中國瓷器不僅是高雅的裝飾品，而且由於供應大，成本降低，也更派用場。大多數外銷瓷是大批生產的，而為西方餐桌度身訂造的瓷器也越來越多。這些特殊的瓷器叫「訂製瓷」，由於設計、訂購和付運需要更多時間、精力和資金，所以帶來的利潤更高。

訂製瓷一般通過在船上佔有貨運空間的官員和押運員，以私人貿易形式出口。訂製瓷要冒很大風險，因為根本不能保證交付的貨色完全符合要求，有時候還得在兩年後才交貨。訂製瓷所用的樣本，可以是著色的木造模型，也有銀製但多半是錫鑞質的樣板，或者是原件（也許是德爾福特瓷），並提供所需的紋樣或圖畫。在 1700 年以前，通常只有造型或圖案符合訂製要求，兩者都符合的並不多見。但到 18 世紀，成功結合不同風格造型和裝飾的中國瓷器大量湧現，儘管成功的程度不一。到 18 世紀末，訂製程序更簡單，效率也有所提高，因為有不同花邊和設計的現

成瓷杯和瓷盤作樣板，歐洲客戶可以知道他們訂製的到底是怎樣的貨色。

有史以來，全世界不同地區的人會得使用各種不同的器具飲食，器具的材料取決於環境和場合。在 18 世紀前，木材、陶器和錫鑞是歐洲餐桌上的常用材料，但富裕的人和貴族能用上錫釉陶具或銀製品。隨著 16 世紀中國瓷器的進口及其數量越來越多，形成了全新的飲食方式，並於 17 世紀末達到頂峰，產生了所謂「飲食革命」，飲食已成為一種社交活動。

套裝餐具，包括整套造型和圖案統一的餐具，可能還配上諸如燭台、牛油碟和上菜盤等附件，在陶瓷生產中出現較晚。實際上，18 世紀以前歐洲人並不用套裝餐具。在中國，記錄顯示嘉靖（1522 - 1566 年）從景德鎮訂製過大量

同樣形狀和圖案的餐具。1597 年的《江西通志》記載，單單 1555 年就訂製了三萬多件內外繪有雲龍紋的餐具。這是否訂製物品的全部，是否能叫「套裝餐具」，尚有疑問，但許多餐桌因這些餐具而格外生輝卻是不爭的事實。

對零星記載中的歐洲早期套裝餐具，我們所知甚少，根據上述定義這些能否算是套裝餐具，也難以確定。但有些餐具的確包含了湯碗、鹽瓶和糖罌等附件。法國路易十四和其他歐洲王室都擁有套裝銀餐具，很可能就是 18 世紀初從中國訂購的瓷器的原型。

在 17 世紀，中國陶匠也生產各種西式造型的瓷器。運貨單上記錄著大量餐具，一抵達歐洲便根據市場對款式、大小和價格的不同要求，組合為套裝餐具。其中也有芥末瓶，在 1643 年沉沒的「哈察」號上就發現了十個。有一個甚至還有中文款記，使人懷疑這種器皿也許會用於「哈察」號擬前往的巴達維亞中國人社區。中歐貿易轉口中心華洋雜處，某些奇特的跨文化廚房陶瓷用具可能也有市場。

湯盆和調味瓶都是 17 世紀的歐洲款式，尚未見於 18 世紀前的中國瓷器，18 世紀初它們才作為套裝餐具的配件進入歐洲。湯盆通常放在碟子或座托上，這些碟和座許多已經不存。調味瓶多少與湯盆相關，但調味瓶體積一般較小，以方便倒出調味料。調味瓶可能兩邊都有小把手，中

18 世紀初的糖罌，高 17 厘米。糖罌本來是西洋用品，中國供外銷的糖罌，根據荷蘭或英國早期的銀製品仿製。私人收藏。

間是瓶嘴，或者一邊有一個較大的把手，另一邊是瓶嘴。

在 1752 年荷蘭「蓋爾德麻爾森」號沉船上發現了湯盆和調味瓶，還有其他各種餐具。荷蘭東印度公司在每年的瓷器訂單中，指定套裝餐具應該有哪些器具，但現實中一般都是包羅廣泛的，如 1751 年的訂單是這樣開列的：15 件三種不同尺寸的上菜盤，8 個圓形和 2 個八角形的沙拉盤，24 個兩種不同尺寸的碟子，100 個西餐大盤，4 個燭台，4 個鹽瓶，2 個牛油碟和 2 個調味瓶。不知何故，未包括湯盆。

除了這張訂單上的瓷器外，其他不怎麼常用的餐具是根據西洋錫鑞、陶或銀製模型仿製的。糖罌、木柄杓子、油罐和醋瓶、冰桶、放奶黃的杯子、湯勺盤、有人面的杯子、水罐和銀器把手，中國的陶匠都仿製得十分出色，間或有別出心裁的創意。其中一件根據邁斯原型仿製的獨特餐具，是一對巨大的彩色高腳果盤，上有一個鏤空的大

（左下）1700 年的套裝調味瓶及托盤，高 13.5 厘米。調味瓶通常是餐具的配件，除了托盤外一般有兩至四件一套。兩件裝通常是油罐和醋瓶，這裏的三件裝可加上一個芥末瓶，四件裝再增添一個胡椒瓶。私人收藏。

112

1770 - 1780 年的湯勺盤，寬 12 厘米。私人收藏。

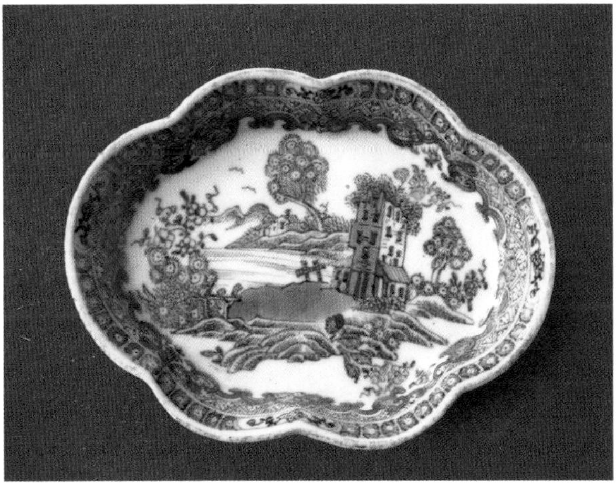

碗，立體的小孩雕像爬在樹幹似的高腳上。

由於茶是英國上流社會的首選飲料，比咖啡和巧克力更名貴，需要適合泡茶，能襯托出茶的微妙色彩和芳香、增強品茗體驗的茶具。歐洲的木質、金屬、陶和玻璃器皿都不適合泡茶，不得不從中國訂購瓷器茶壺、茶杯、杯托、奶壺、茶葉罐和盛載這些東西的茶盤。

瓷器茶壺有各種形狀。早期款式仿照中國的酒壺製造，一邊有高高翹起的固定勺形把手，一邊是壺口。後來更常見的是一邊有環形把手，另一邊是筆直的或彎曲的壺嘴。類型多樣，有標準的球形，有多面形，有的像形形色色的物體（如一段毛竹），有的是具有兩重壺壁的網紋壺。

茶杯也有各種形狀，有的弧形杯身，有的有蓋，有的

（左頁右）18 世紀初中國和法國聖克勞德的五件裝鹽瓶，高（左後）6.5 厘米。鹽瓶是重要的餐具，這五個鹽瓶說明了中國和歐洲製品各放異彩。它們都是西式設計，可能以銀質、蠟質或陶質鹽瓶為藍本。右前方的是聖克勞德製品，其餘四個均是中國製，有兩個刻有聖克勞德標記，右後方的是一對中國製鹽瓶之一。私人收藏。

有高高的杯腳，有的有兩個把手。中國的茶杯一般沒有把手，歐洲常用的是單把手，但沒有把手的茶杯也很流行，也許因為它們具有異國風味。有把手的茶杯本來是用來喝咖啡和巧克力的，這些飲料不像茶那樣跟中國關係密切。在歐洲，巧克力和咖啡壺用銀製成，也仿製成中國瓷器的模樣，但它們的訂購數量不及茶具。

17 世紀的買家可以接受一個套裝茶具中混合各種不同的款式，但到 18 世紀中葉，造型和圖案統一的成套茶具開始流行。訂購這些茶具時，可以從其他外銷瓷中挑選相同的款式，如白地藍色圖案、釉上彩、伊萬里彩或描金。也有從景德鎮把未加裝飾的瓷器發往廣州，以便盡快根據訂

（左）1710 年的網紋茶壺，高 13.5 厘米。網紋外壁使茶壺看起來既輕巧又複雜。網狀裝飾的中國瓷器早在 17 世紀中葉已外銷荷蘭。私人收藏。

（右）1690 年的帶把手茶壺，高 18 厘米。私人收藏。

購要求配套和加上裝飾。更有把素瓷運往歐洲，然後加上不同風格的裝飾。

　　巴達維亞瓷（當地是瓷器轉運至歐洲的荷蘭轉口中心，因而得名）屬於一種比較罕見的裝飾色系。這種風格從 17 世紀末到 18 世紀中葉開始流行，瓷身覆以一層或淡或濃的鐵棕色琺瑯釉，這種釉彩在中國明代開始使用。在歐洲管稱之為「奶咖啡色」或「枯葉色」，在美洲則直接稱為「棕釉瓷」。棕琺瑯覆罩杯子和茶托的外部，未施琺瑯的地方或呈扇形、葉形，或圓圈形，而內施釉下藍或釉上彩繪畫的花草和風景。瓷器本身一般較堅固，質素不特別高，荷蘭東印度公司的記錄上所列的，多半是這類「咖啡室瓷」。

　　另一種受歡迎的類型是裝飾瓷器，即用來展覽陳列的套裝瓷器。它由不同形狀的廣口杯和有蓋瓶組成，一套數

1730 - 1740 年巴達維亞茶壺及茶杯，高 8.5 厘米。私人收藏。

1725 - 1745 年的套裝茶具，在荷蘭繪上花籃裝飾圖案，牛奶壺高 13.5 厘米。從這套茶具可見花籃圖案的傳佈範圍。在中國製大型彩釉克拉克瓷盤上（參見頁 52），可看到早期類似的花籃圖案，可能是後來裝飾的摹本。私人收藏。

量通常是單數，大都以青花圖案，後來則用上琺瑯彩。法國人把它叫做「點綴品」，顧名思義就是用來裝飾的。其中一隻廣口杯是中國傳統造型外銷瓷中少見的，其形似商代（前 1500 - 1050 年）的青銅器，鼓起的圓腹有各種圖案。在中國的廟宇、客廳或神檯上也常用上三至五件這樣的套裝瓷。裝飾瓷器在 16 世紀末出現在歐洲，並流行不衰，德爾福特的荷蘭陶工直到 19 世紀還在仿製中國裝飾瓷器。

在歐洲，裝飾瓷器由四到七件組成，最常見的是三個瓶和兩個廣口杯，但各種數量都有。裝飾組合中的配件在圖案上可以統一，也可以不統一，但造型一般相配襯，有些裝飾組合是收藏家個別買來配套的。裝飾瓷器擺放在櫥櫃、架子或壁爐架上，天氣暖和時甚至也放在壁爐裏展示，因此法語裏常用「壁爐點綴品」來描述這種裝飾瓷器。

除了裝飾瓷器外，歐洲人也擺設從中國訂購的人物和動物瓷器。陶像在中國有悠久歷史，西元前 3 世紀中國秦始皇陵的陶俑，漢代用作鎮墓的生動的陶狗都是明證。這些塑像通常用模子壓鑄而成，幾乎都是為墓葬或祭祀鬼神而造的。不過到 17 世紀，彩釉鸚鵡瓷像等裝飾瓷器開始針對出口市場製作。這些鸚鵡像在歐洲非常流行，德爾福特陶工在 1730 年代就開始仿製，有的仿製得一點不走樣。其他鳥類塑像有野雞、鷹和中國特有的鳳凰，大多數瓷像都上了明麗的彩釉，為 18 世紀中葉歐洲的裝飾景觀增添了異國色彩。

這類瓷像有歐洲商人和政治家，乃至騎馬人像，但動

1710 - 1730 年的景德鎮瓷瓶，典型紋樣，高 45.7 厘米。這套由三件有蓋瓶和兩個廣口杯組成的裝飾瓷器，屬於釉下藍加上鐵紅面釉的中式伊萬里風格。與其他來源不一的裝飾品不同，這五件裝飾品上統一的圖案說明它們是套裝製造的。溫特圖爾博物館藏，Leo A. and Doris C. Hodroff 贈，01.15.006.1-5。

一對鳳凰，1820年，高47厘米。在歐美，精緻的鳥類塑像是流行的裝飾瓷器。實在的老鷹、小雞和野雞等，幻想的中國皇后傳統象徵鳳凰都有。私人收藏。

物像數量較多，也較受注目。不同種類的狗像裝飾品也造得活靈活現，還有更多動物造型的湯盆和其他實用器皿。殷弘緒在1712年的信中，解釋了用模具製作大型動物像的過程。複雜的製作過程顯然給他留下深刻印象，但他形容這些歐洲人經常訂製的物像為「怪裏怪氣」。

　　一件製成水牛頭模樣的瓷湯盆倒符合這種說法。水牛頭的上半部是湯盆的蓋，牛角形成寬寬的拱形。上了逼真

的彩釉，微微張開的嘴，巨大的鼻孔（有些造型鼻孔還可以冒出蒸氣）和充血的眼睛，用這種水牛湯盆來盛湯，似乎很難刺激胃口。還有一個湯盆造型是隻大老鼠，配上狀如小鼠的調味瓶。許多動物造型湯盆有盆托，上面畫著該動物的平面圖像。這些瓷器反映了歐洲餐飲習慣的變化：進餐既是日常需要又是一種享樂。可以想像，當這些湯盆端上餐桌時，女主人會聽到客人什麼好話！

還有一種奇特的造型是青花瓷貓，如果把蓋子（貓頭）蓋上，看不出這其實是一隻尿壺。尾巴充當手柄，藍色斑點使它看起來像花斑貓。殷弘緒神父1712年的信中也提到一件貓狀瓷器，但說它的用途是燈。貓頭裏點上蠟燭，光從兩眼冒出，夜裏能嚇退老鼠。在「哈察」號沉船上也發現了這樣一種瓷器。

中國陶工善於仿製歐洲商人要求的任何東西，只要給予明確易懂的指示就行。其他造型奇異的外銷瓷還有展示手錶的盒子、裝在手杖上的手柄、洗眼杯等。一個刮鬍盆的邊緣有個半圓形缺口，讓理髮師把它放在顧客的下巴，以免弄髒襯衫。有的缺口對面有兩個洞，可以把盆繫緊。

另一款西式造型是扇貝齒邊大碗。那是英國人在17世紀末發明的，叫「凹口碗」（monteith），其名稱可能源自一個慣穿扇貝形凹口飾邊披肩的古怪蘇格蘭人Monteith先生。

1830 - 1850 年的景德鎮尿壺，高 19.7 厘米。這隻形狀奇特的貓，與其他雀鳥之類的裝飾瓷器不同，具有特殊功能。合上蓋子，它只是一隻貓像，把貓頭移開，就成了尿壺，尾巴充當把手。溫特圖爾博物館藏，Gertrude Brinckle and Gertrude Rodney 小姐贈品 64.147a, b。

這種凹口碗的作用是冷卻酒杯，把酒杯腳卡在凹口邊，讓杯浸在盛了冰水的碗裏冷卻，凹口邊能使酒杯不致沉入碗裏。這種形狀可能是模仿德爾福特的類似陶瓷，而這種德爾福特陶瓷也許是根據一種古老的英國銀器仿製的。

18 世紀末的刮鬍盆，直徑 35 厘米。刮鬍盆邊緣的半圓缺口，可安放刮鬍者的下巴。它的中央圖案模仿歐洲紋樣，但寬邊是中國風格的裝飾。私人收藏。

最怪異的瓷器也許是「布達羅」，這是一種一邊裝有把手的橢圓形碗，可能有蓋，現在大都不存。這是婦女

用的可攜式夜壺，也許供「緊急」情況使用。名稱的出處不詳，但有說來自一個法國神父路易・布達羅（Louis Bourdaloue），他的佈道出了名冗長。

在各種形狀和造型之外，也有各種顏色和裝飾圖案。

1700 - 1720 年的凹口碗，長 51.5 厘米。凹口碗形狀至為奇特，用以盛載冰水，讓酒杯腳卡在邊上，杯身則浸在水中冷卻。中式的青花花卉圖案和邊飾，與醒目的歐洲家族紋章渾然一體。在 18 世紀，凹口碗用陶瓷、玻璃和金屬製造，後來隨著飲酒習慣的改變而不再流行。溫特圖爾博物館藏，Henry Francis du Pont 贈，60.763。

如前所述，從 1680 到 1725 年，五彩瓷在出口市場很流行，但時間不長。新的顏色開始出現，1720 年代，一種新的顏色圖案頗獲青睞。粉彩瓷由於主要使用淡雅粉潤的釉彩而得名，這項技術可能源自在金屬上塗琺瑯彩的西方傳統。不過，最動人的變化不在顏色本身，而在顏色的應用。一種新的不透明釉面琺瑯與各種顏料混合，產生深淺不同的效果，令瓷器畫匠可以做出通常用於平面畫的陰影效果。由此可見，中國陶工不僅能製造歐洲商人要求的許多樣式，而且也在實驗新顏料的用法，以便能把西方傳統繪畫搬上瓷器。

（左）18 世紀初大型五彩碟，直徑 28 厘米。17 世紀末的五彩瓷以釉下藍裝飾，但後來被一種清澈的藍琺瑯釉取代，因為可以一次施加所有釉上彩，效率更高，因而更便宜。但這種釉面藍無法做出琺瑯彩那種強烈的感覺。私人收藏。

（右）1725 年粉彩鵪鶉紋盤，直徑 23 厘米。David Overall 外銷瓷。

五彩瓷和伊萬里瓷用釉下藍裝飾，一般在景德鎮製造。粉彩瓷往往在廣州製造，以便更靈活和更快處理訂單。如前所述，素瓷從景德鎮運來廣州裝飾，但有些釉下藍瓷也許因庫存太多，會加上粉彩，以使表面看來具有統一的顏色和圖案，造成套裝餐具。

要區分粉彩瓷與早期的「廣州琺瑯瓷」並不容易，後者的特徵是強烈的對比色，以鮮紅、粉紅和綠色為主色。不過，後來用上大量描金，特色更為明顯，並名之為「廣彩」。這種華美的瓷器並不符合中國傳統口味，在中國不是主要收藏對象，但它們是廣州博物館中重要的本地工藝藏品。在中國的博物館中，廣州博物館最有興趣收藏為國外客戶製造的工藝品，自是理所當然。

除了釉彩，風景和紋樣也是瓷器裝飾的一部分。特別

1851 - 1861 年繪有蝴蝶、孔雀和其他鳥類紋樣的廣彩盤。據廣東省博物館,《廣彩瓷器》, 北京:文物出版社, 2001。

訂製的瓷器,尤其是套裝餐具,主題多元多樣,畫工用上中國和歐洲繪畫作為藍本。從 16 世紀中葉開始,洋畫被複製到瓷器上,1700 年以後這情況更普遍。隨著中國瓷器畫工為了應付各種要求,累積豐富經驗,仿製品的質量也大大提高。

　　中國藝術傳統中沒有透視法,或以深淺層次表現物件立體感的概念。中國畫中的線條極為重要,反映書法與繪畫關係密切,兩者使用同一種工具——毛筆。因此,早期歐洲人要求在訂製的瓷器上繪畫簡單的圖案,大都效果不俗,但到較複雜的圖案就不大能保證了。

　　在倫敦維多利亞與阿爾伯特博物館,一個玉壺春瓶嵌上描金瓶頸和瓶口上面有葡萄牙文題辭。肩部的文字說明這件瓷器是 1552 年製造,並附有葡萄牙海軍上校兼商人喬治·阿

爾瓦雷斯（Jorge Alvares）的名字。瓷器的圖案基本上是中國傳統設計，但那時畫工不懂西文字母，把文字倒轉了來寫。

繪畫技巧有所改善，部分可歸功於來自歐洲的天主教傳教士，如耶穌會畫師奎賽普‧卡斯蒂格里昂（Guiseppe Castiglione，1688-1768年）。他漫長的傳教生涯受到清朝三代帝王眷顧，也是雍正（1723-1735年）景德鎮御窰主管的朋友。1736到1753年，技術精湛、盡忠職守的唐英擔任督窰期間，瓷器品質得以不斷改進。

18世紀時中國瓷器出現各種景物，有些景觀顯然是從歐洲畫師那裏學來的「中國風格」，那是出於幻想和陳套的亞洲形象。許多主題景物也描述了歐洲的日常生活或具體事件，如獵狐、農耕和休閒，主要畫在瓷盤上，有時也畫在其他器皿上。風景中偶爾也出現一幢富有特色的建築。

有一種叫做「出島」（日本只允許荷蘭在長崎港貿

1780-1790年的茶托，直徑12.2厘米。這個茶托上的中國圖案明顯用了西洋畫技巧如明暗法、透視法等，可能受到宮廷西方傳教士畫家影響。私人收藏。

易，這是長崎港的貿易站）的瓷盤圖案真實地反映了在耕作的荷蘭人，雖然，那也許只是一幅田裏有人，遠處有村落的風景畫而已。荷蘭人把這種風景叫「席凡寧根」（Scheveningen， 荷蘭海邊度假勝地）畫，因為它令人想起荷蘭的城鎮。畫中的建築和雲彩稍有不同，視乎是在中國還是日本製造，圍繞中心風景的邊飾也有不同變化。在越南南部海岸附近沉沒的中國「金甌」號上發現了這種圖樣，如前所述，「金甌」號失事可能發生在 1723 至 1735 年。

　　套用到瓷器上的景物，包括在 1734 年受荷蘭東印度公司委託的阿姆斯特丹畫家康納利斯‧普榮克（Cornelius Pronk，1691-1759 年）的畫作。他的畫作中，最著名的《撐陽傘的女士》，被複製在中國和日本瓷器上，原作如今收藏在阿姆斯特丹國立博物館。普榮克的風景也許取材自各種亞洲和歐洲的藝術品，經改造形成一種既勾起東方幻

1700 - 1710 年的「出島」瓷盤，直徑 22 厘米。雖然以日本長崎的貿易島命名，但景觀卻可能來自荷蘭的風俗畫。這圖案出現在中國和日本瓷器上，在歐洲很流行。1723 - 1735 年沉沒的中國「金甌」號上也發現這種瓷器。私人收藏。

想，又迎合歐洲口味的風格。青花瓷和伊萬里彩瓷的洋化造型瓷盤，在寬闊的邊口上有一種複雜精細的「蜂房」圖案，畫著撐陽傘的女士和雀鳥。中國陶工也把這種圖案改造得稍有不同，使之更具中國格調。其他瓷盤的不同造型和邊緣圖案，也使人想起普榮克風格，那是他的許多圖案設計的特色。

人們認為佛蘭德藝術家大衛·特尼斯（David Teniers，1610 - 1690 年）的畫催生了一種瓷盤圖案，瓷盤上畫的是在室外圍著桌子打牌喝酒的農夫，其中一人正與侍女說話。前景中小雞在漫遊，邊緣上幾何菱形圖案形

1740 年的普榮克陽傘圖案瓷盤，直徑 23.5 厘米。私人收藏。

成四塊空間，其中是中國風格的景色。邊緣內圈是波紋界線，繼承了第一章所說的纏枝紋圖案傳統。

　　另一主題風景畫的是櫻桃採摘者，畫在 18 世紀末的茶托上，畫中一人彷彿漂浮在一把梯子旁，把櫻桃向下遞給一個女人，那女人用圍裙收集櫻桃。這是仿自尼古拉斯．龐塞（Nicolas Ponce，1746 - 1831 年）根據皮埃爾—安東尼．波杜因（Pierre-Antoine Baudouin，1723 - 1769 年）的一幅畫而設計的圖案，但中國畫工把景色簡化了。櫻桃樹也很特別，綠葉閃閃發亮，成串櫻桃看上去像從樹幹向上一排排直接生長出來似的。構圖稍有分別的同一主題在荷蘭本

1740 年的大衛．特尼斯（1610 - 1690 年）風格瓷碟，直徑 23 厘米。私人收藏。

來就很流行，在當地，果樹（尤其是大型果樹）可能是奧蘭治家族統治的象徵，早在 1740 至 1750 年，就有不同版本描畫在中國的外銷瓷上。

　　有些風景中能看到建築，可能與風景來源有微妙的關聯。帶有伯利別墅（伊莉莎白一世時代的英國豪宅）圖案的青花瓷盤肯定是別墅主人藝術品味的合理延伸。伯利別墅由伊莉莎白一世的發言人兼首席顧問威廉‧塞西爾（William Cecil，後來成為伯利勳爵）建於 16 世紀下半葉，到 18 世紀時經過復修。別墅大量收藏繪畫和掛毯，還有東方瓷器，1688 年的庫存清單最早提到日本瓷器和中國

雪瓷。圖案中的建築正面很好辨認，自然景物主要是樹和

鳥，樹葉就像「櫻桃採摘者」瓷盤圖案一樣異乎尋常。

　　帶有宗教景物的外銷瓷器過去叫「耶穌瓷」，是指 16

世紀中葉天主教訂購瓷器以後出現的宗教瓷器。這些瓷器

的靈感來自不同源頭，有《聖經》的插圖和版畫，有德爾

福特瓷器上的宗教場景。這類瓷器似乎是為亞洲（尤其是

日本）和歐洲市場設計的，因為殷弘緒神父在 1722 年的

信裏這樣寫道：「有人從一家大商店的廢物堆中為我撿來

一個小瓷盤，我認為它比數千年來製造的最好瓷器更有價

值。盤子底部在聖母瑪利亞和聖約翰之間畫上了耶穌受

難像。他們告訴我，曾運過這樣的瓷器去日本，但最近十六七年已沒有了。」

　　除了杯和盤上發現耶穌受難像外，其他宗教主題有基督升天、復活、受洗和降生。更不尋常的圖案是宗教歷史人物馬丁·路德（1483－1536年）像，他是德國神學家和宗教改革領袖。這些宗教場景，東方陶瓷專家克利斯蒂安·約格（Christiaan Jorg）追溯到荷蘭藝術家簡·盧金（Jan Luyken，1649－1712年）的系列版畫，它們出現在1734年在阿姆斯特丹出版的《路德會聖經》。馬丁·路德像印在《聖經》的扉頁，後來也出現在外銷瓷上。

瓷盤上基督降生的墨彩，
1740年，直徑23厘米。
David Overall 外銷瓷。

　　彩繪瓷和青花瓷也有這類宗教場景，並常以纖細的黑色線條繪畫，在西方叫做「en grisaille」或「encre de chine」（墨彩），這類瓷器也稱為「黑筆瓷」。也許對宗教主題來說，首選的是較沉實的處理手法，也更能模仿黑墨版畫的色調，但偶爾也會加上金色或淡彩瓷釉。瓷繪的精細線條，可以重現繪畫的每一個細節，使複製歐洲繪畫和版畫達到新的精密水平。外銷墨彩瓷的日期也有賴殷弘緒神父於 1722 年的信函得以確定。他描述了使用墨彩的難度，說明在此年份之前不可能使用墨彩：

　　「他們曾試圖用最好的中國墨來繪製花瓶，但沒有成

功，瓷器燒出來後盡是白的。由於這種墨彩的濃度不夠，加熱後鬆散不存。實在地說，是墨彩未能滲透進釉層，產生不同於素坯釉的顏色。」

瓷器上的墨彩技術不久就得以改善，這類畫工精細的瓷器表現出不同的主題，1730 年代後在歐洲非常流行。

在 18 世紀中後期，神話場景在歐洲大行其道，因此必然也出現在中國的外銷瓷上。但中國畫工在仿製歐洲神話場景上的藝術局限很明顯，尤其在表現女性裸體圖案時。這些圖案大多以釉上彩繪畫，畫工對解剖學的無知造成圖像的比例非常可笑。

在描述「巴黎審判」（在古典神話裏這事件最終導致特洛伊戰爭）的瓷盤上，特洛伊王子帕里斯坐在左邊，準備選維納斯為三女神中最美者，其他兩位是朱諾和密涅瓦。在右下方，丘比特用力拉扯維納斯的斗篷。顯然，在這故事畫中沒有一個是美麗的，因為一個女神的肋骨畫在背上，胸部和膝蓋只是掛在軀體上的黑色圈圈。另外，帕里斯落到胸口和腿上的白色長袍就像鬆弛的皮膚皺褶。不過，出於不同畫工之手，一眾男女神的形象還是互有優劣的。

一個杯子內壁描畫的「雲端朱庇特」處理得稍好一些，朱庇特坐在鷹背上，手持雷電，但也出現了奇怪的圓點

1740－1750 年 的「巴黎審判」圖案瓷盤，直徑 23 厘米。私人收藏。

花紋。墨彩比一般彩繪顯得更為細緻。相同的畫法也見於一個茶杯和杯托，朱諾坐在雲端上，身旁有孔雀。兩款繪畫朱諾和朱庇特像的瓷杯都有取自 18 世紀初巴羅克圖案的複雜邊飾，但朱庇特瓷杯的邊飾間或出現淡淡的鐵紅色。

　　外銷瓷中，政治場景沒有神話那麼常見，可能是因為到訂單完成時（也許要兩年），貪新忘舊的民眾對事件的意義早就淡化和淡忘了，但還是有一些非常有意義的政治場景。最早出現的也許是「鹿特丹起義」或「考斯特曼起義」

的圖案，描述 1690 年 8 月發生在鹿特丹的一次事件。事
件中考斯特曼拒絕繳納貨物稅，導致稅吏死亡，結果考
斯特曼被判斬首。這事激怒了鹿特丹民眾，他們發起暴
動，推倒了法院大樓。起義的場景曾刻在金屬器皿上，
中國畫工可能是根據金屬器皿複製的。瓷盤和瓷杯上都
作了很有意思的小變動：如房屋的數量，人物的行為，
四周廢棄物的細節處理，以及前景中炮輪的裝飾作用。
邊緣的四處空白位上是中國圖案：三處是水果，可能是
一雙桃子，另一處可能是靈芝，都是常見的裝飾圖案，
象徵長壽和永生。

　　約一個世紀後，遙遠的大陸出現了更有紀念意義的場景，就是美國的誕生。1776 年《獨立宣言》簽署，約翰·特盧姆巴爾（John Trumbull）於 1786 年開始用速寫紀錄這次歷史事件。整套畫作後來經幾位鐫刻家仿製，例如亞瑟·B·杜朗德（Asher B. Durand）於 1823 年的版畫，其中有一幅流入中國，被仿製成瓷器出口美國。現存多個仿製版本，其中一些是紀念 1876 年立國一百周年。中國畫工對複雜的場景作了隨意的改動，以遷就體積有限的彩繪瓷。簽署者減到十來個，後面牆上的旗幟變成巨大、展翅的美國鷹，類似過去出口美國瓷器上的圖案。畫中紳士們都脫掉

1800 - 1815 年的景德鎮瓷瓶，高 25.5 厘米；1825 - 1850 年的景德鎮瓷碟，直徑 36.8 厘米。根據美國獨立宣言簽署的名畫製造，但作了重大改動。畫裏本來沒有鷹，但由於鷹已成為中國外銷瓷上流行的美國象徵，花瓶和瓷盤上都繪有不同模樣的鷹。溫特圖爾博物館藏，Henry Francis du Pont 贈品，63.710 和 66.652。

了假髮，看起來有點像中國人，因此整個場景的格調跟原作相比頗有出入。

　　所有彩繪瓷上幾乎都有花卉，因為世人莫不愛花，而且花的形態也千變萬化。中國的審美傳統中有大量花和植物主題，還有花鳥畫，因此精緻的花卉圖案在瓷器上必不

可少。從青花瓷上複雜的植物主題到 18 世紀極為精緻的粉彩釉圖案，花草植物是中國瓷器的永恆裝飾。

同樣，歐洲人也欣賞花草圖案之美，中國瓷外銷歐洲，也就開始了花卉圖案的交流。1710 年左右，中國青花瓷盤上的一籃子花卉，也用彩釉繪在 17 世紀中葉的景德鎮瓷器上。這類圖案在德爾福特瓷和磚瓦裝飾中很流行，也見於在荷蘭繪製的中國瓷器上。反過來，各種歐洲植物圖案也出現在中國外銷瓷上，那是根據樣品摹繪的。

中國從印刷品仿製了一些有趣的植物，其中有一幅可能是康納利斯·普榮克的畫，他受 18 世紀末曾旅遊蘇

1755 年的粉彩植物圖案瓷盤，直徑 23 厘米。這瓷盤估計受切爾西瓷器上的「漢斯·斯隆爵士」（Sir Hans Sloane）花卉圖案影響，圖案依照切爾西藥圃的植物雕版製作。這裏畫工精細、顏色逼真的花卉是一種櫻草花，飾邊是此花的四個小莖。私人收藏。

1735 年的青花植物圖案
瓷盤，直徑 26 厘米。圖
案估計受瑞士植物學家瑪
麗·西比拉·梅里安的印
刷本影響，反映出雙重的
異國情調。瓷盤不僅是在
中國製造，圖案可能來自
康納利斯·普榮克模仿西
比爾在 17 世紀末對蘇里
南熱帶植物的研究。私人
收藏。

1685 年中國風格的花卉
瓷盤，直徑 15.9 厘米。
精緻的中國花卉藍色圖
案，對歐洲人明顯富異國
風味，其簡約及對邊緣的
留白是典型的中國審美特
色，與梅里安濃重的歐洲
植物圖案形成強烈對比。
私人收藏。

138

里南的瑞士植物學家瑪麗·西比拉·梅里安（Maria Sybilla Merian）作品的影響。她描繪了異國花卉，還畫了一種模樣奇怪的毛蟲。仔細的畫功，歐洲繪畫的明暗和透視技術，都一一表現在碟子上。互相交纏的葉子邊飾讓人憶起普榮克的畫作，很具裝飾性，只是相對起中心的花卉圖案，顯得冗贅了一些。

在按指定要求燒製的器皿中，也有加上徽號的紋章瓷。紋章是識別等級的一種制度，最初在歐洲戰爭中使用，在盔甲蓋住戰士臉部時作為辨認的手段。此後，裝飾

1750-1755年普魯士弗里德里克大帝紋章湯盆，長35.5厘米。這個有四十個盾牌、令人印象深刻的紋章，透露了霍亨索倫王室的紋章史，據說是為普魯士東印度公司的創辦人，即國王訂購的，但整套餐具在運輸途中毀壞。溫特圖爾博物館藏，Leo A. and Doris C. Hodruff 贈品，00.61.38。

在盾甲和旗幟上的盾形紋章繼續流行，超越了原先的意義。內容與用色都有一定的標準和規定，使用在紡織品、碑石，以至套裝餐具等物品上，作為家族和組織的標記。

葡萄牙人率先意識到可以在瓷器上加上專用的紋章，最早的紋章瓷器是他們要求製造的。葡萄牙國王曼紐爾一

世（1469－1521 年）的王室紋章早在 16 世紀就用釉下藍繪製在中國式的大口水罐上，上面的圖案可能根據一幅畫、一枚硬幣或一枚勳章仿製，但從大都會博物館的大口水罐所見，圖案顛倒了，底下的王冠應該在頂上，也許在中國畫工看來，讓盾牌看起來像鐘似乎更合理。

17 世紀末以前，以釉下藍繪畫的瓷器一直佔貿易市場

1540－1545 年為葡萄牙市場製造的中國大口水罐，高 18.7 厘米。這個大口水罐反映了中國外銷瓷新興市場帶來的多方面影響。它在景德鎮製造，伊斯蘭樣式，而王室紋章裝飾則源自葡萄牙。厚重的藍釉使它看起來好像景德鎮早期的青花瓷。大都會美術館，Helena Woolworth McCann 收藏，購置品。溫菲爾德基金會贈，1961 年，61.196。照片攝於 2002 年。

的主要地位，但這種畫法不能恰當處理彩色紋章。但隨釉面琺瑯彩越來越容易得到以及顏料數量增多，有利於複製紋章所需要的精確細節和顏色。這些圖案可能根據訂單一起送來的繪畫或印刻藏書票仿製。精細的繪畫或清晰的印刻，加上對用色的文字注解，使畫工更容易掌握客人的要求。

紋章瓷在歐洲頗為流行，尤其在英國，受英國東印度公司取得制海權激發，對它們的需求在 1720 到 1830 年間達到高峰。這方面公認的專家大衛·霍華德（David Howard）鑒定了約 4,000 件紋章瓷，還有幾千件尚待鑒定。具有統一圖案，包括家族紋章的瓷器餐具可能有三百多套，形式多樣，包括盤子、湯碗、牛油碟和燭台，少數幾套完整地保留到今天。對個別瓷器紋章的鑒定與其說是藝術歷史問題，不如說是家譜研究問題。

一件用紅和藍色繪製，標有英格蘭科頓李氏（Lees of Coton）家族紋章的瓷盤邊緣，畫上了倫敦和廣州的風景。這件瓷盤的製造日期約在 1733 年，圖像反映了兩個城市在對華貿易中的重要性。倫敦的聖保羅大教堂、其他教堂尖頂和倫敦橋的複合景色，與廣州美觀的城牆和疏朗的景色（這種風格使人想起中國風景畫）相映成趣。

一件約 1740 年製造的英國大型淺盤，邊飾是與別不同的徽號組合，伴之以邁斯風格的渦旋紋飾，內有村落和

1733 年的英格蘭賽洛普
郡科頓李氏家族紋章瓷
盤，直徑 32 厘米。瓷盤
邊緣繪上廣州和倫敦兩個
城市的情景，兩者都是
1700 年代最重要的對華貿
易港。畫工顯然較喜歡畫
風格精緻的中國港，相比
起來倫敦圖案顯得呆板。
David Overall 外銷瓷。

1740 年的約克郡湯普森紋
章大淺盤，直徑 38 厘米。
大淺盤中央是中國式花鳥
紋樣，邁斯風格飾邊配上
西方景色。中心精緻的玫
瑰彩畫與歐洲風格的描金
邊、色彩濃郁的大紋章形
成鮮明對比。私人收藏。

海岸的主題風景。約克郡的湯普森紋章圖案在瓷盤頂部替代了第四個渦旋紋，一直延伸到中心精緻的粉彩釉繪花鳥圖案。中國外銷瓷往往使用邁斯風格的飾邊，旨在跟流行的邁斯陶瓷競爭。中國製造的瓷盤經常帶有邁斯風格圖案，有時甚至在底部發現邁斯交叉劍的標記！

　　同樣，一件約在 1750 年製造的瓷盤也是東西合璧。中國風格的景色中，一個女人騎在牛上，手裏拿著竹竿，一隻小鳥棲息其上，四邊複製了艾塞克斯郡邁克爾斯都托堂納撒內爾・加蘭（Nathanial Garland）的飾章。與大多數 18 世紀紋章瓷不同，這個瓷盤完全用釉下藍繪製，也許

1750 年的中國風景瓷盤，伴以艾塞克斯郡邁克爾斯都飾章，直徑 22.3 厘米。圍繞瓷盤邊緣的飾章非常特別，尤其是配合青白相襯的中國風景圖案。飾章和紋章往往有特定的顏色，而且線條精細，所以用釉下藍繪製並不是最理想的選擇。私人收藏。

因此只畫上紋章上方的飾章而不是整枚紋章。紋章色彩豐富，也更難畫。跟過去的瓷盤相比，這個瓷盤無疑是中國主題和英國紋章的奇異組合。

許多紋章瓷上都有精美的繪畫，隨著中國畫工越來越熟習繪製複雜的紋章，效果更見精細。較為細緻的有 1790 年英國市場上的兩把茶壺，它們都有福賽特（Fawcett）紋章。另一件可能是銷往美國市場的小茶杯，上面有簡單但精美的通用紋章，紋章上有一對面對面的鴿子；藍色鑲邊金色流蘇的貂皮斗篷，字母交織的盾，以及杯口幼長的裝飾線，說明其製作日期在 18 世紀末。

144

1757 年為英國市場製造的福賽特紋章茶壺，高 14 和 12 厘米。David Overall 外銷瓷。

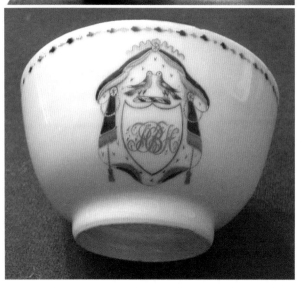

1790－1795 年的通用紋章茶杯，高 5 厘米。為不常使用紋章的美國市場製造，小茶杯上的紋章繪上兩個鴿子圖案，也許象徵婚禮祝福。貂皮斗篷是傳統的紋章圖案，但在特定的地方印上字母，表明誰是擁有者。私人收藏。

　　雖然數量較少但也被視為一個整體的紋章瓷在藝術上極有意義。紋章不只是裝飾性圖案，還具有歷史真實性，也透露了瓷器的歷史背景和可能的製造日期。到 18 世紀

末，英國大家族都一度擁有的紋章瓷風光不再。時代和態度在轉變，伍斯特、韋奇伍德，德比和斯波德等地工場的瓷器開始推出自行製造的趨時款式。不過，這時候美國市場發展迅速，中國外銷瓷的重點開始轉向大西洋彼岸。

錦上添花：瓷器修飾

中國和日本瓷器到達歐洲後，給加上各種裝飾，這是由於風格、經濟和保存等因素的需要，也是為了適應人們對本土和進口瓷器不斷變化的態度及瓷器供應情況。大多數加工美化瓷器出現在 17 世紀末到 18 世紀中葉，其設計和品質精粗不一。

一些外銷瓷在歐洲被鑲嵌上貴金屬，通常用金或銀。它們往往只用作裝飾，如花式支架、飾邊或把手，但這些

1740 - 1750 年鑲銀中式伊萬里茶壺，高 11.5 厘米。私人收藏。

金屬裝飾也可能改變瓷器的功能，可以使一件裝飾瓷變得實用，或相反。例如瓷器人像裝上貴金屬後變成燭台。金屬鑲嵌也能保護瓷器的脆弱部分如壺嘴，或替換整個丟失的壺嘴或蓋子。最精緻的鑲嵌有時還有簽名和日期，補充了瓷器到達歐洲後的歷史。

較為奇特的是加在中國和日本瓷器上的塗漆圖案，這可能是模仿自德累斯頓奧古斯都二世收藏品中日本瓷器上的真漆圖案。由於奧古斯都許多日本真漆瓷器上的裝飾有缺陷，歐洲漆工便試圖自己製造日本漆，在並不確切知道用什麼物料的情況下，嘗試設計配方來模仿東方漆。一些補上真漆的中國瓷器現在還在德累斯頓，當中有些甚有想像力，不太成功的補漆使瓷器原先的圖案也看不清楚，而最好的補漆則用金、紅或棕漆增強了原先青花圖案的效果。

歐洲畫工以同樣方式來美化中國運來的素瓷，或對已有圖案的瓷器進行再加工。這個做法使歐洲人可以選擇當前流行的圖案，也能使本來由於圖案不合潮流或有缺陷需要掩飾的瓷器派上用場。

到 1700 年，荷蘭修飾工就開始把日本柿右衛門瓷器圖案仿製到中國瓷和德爾福特瓷上。他們也在釉下藍的中國瓷畫加上釉面紅、綠和金色，以產生伊萬里風格的圖案，而且還仿製五彩瓷和粉彩瓷。一些歐洲國家的瓷器畫工在

1690 - 1720 年的兩個德化白瓷獅子像，高 12.5 厘米。獅子像運到歐洲前未加裝飾，但其中一個約於1720 - 1730 年在荷蘭用琺瑯彩和描金裝飾，並繪上模仿歐洲雕版的狩獵場景墨畫。私人收藏。

1780 年的兩個景德鎮青白冷水瓶，高 23 厘米，1800 - 1830 年重新裝飾（右）。其中一個在英格蘭覆蓋上明亮的琺瑯彩，幾乎看不到原本的釉下藍圖案。私人收藏。

繪製西式和幻想出來的中國風格景色和花卉圖案時，或會融合少量原有裝飾，如在圈足上的釉下藍圍邊。中國瓷的藍色圖案有時成為由多種顏色組成的新圖案的一部分。另外，描金裝飾使德化瓷器的乳白更為突出，或使青花瓷碗的邊緣平添幾分高雅。有些情況下，中國的彩釉裝飾圖案不是被覆蓋，而是用陶輪鑴刻（或覆蓋後再用陶輪鑴刻）來修飾，產生一種白色襯托釉彩的複雜對比圖案。

雖然阿姆斯特丹是塗改中國瓷器的中心，但英國從 18
世紀初到 19 世紀也參與這門生意。大多數工場在倫敦，最
著名的是詹姆斯・吉爾斯（James Giles）作坊，它在 1750 到
1780 年之間十分活躍。現存有簽名的英國塗改瓷器很少，

在倫敦畫家詹姆斯・吉爾
斯的作坊（活躍於 1750 -
1770 年）塗改的景德鎮茶
壺，高 14.5 厘米。私人
收藏。

在倫敦塗改的奶咖啡色
景德鎮瓷杯，1700 - 1710
年，直徑 8 厘米。私人收
藏。

以圖案來鑒別製作者很不可靠，但用粉彩釉繪製的精緻優雅的花朵、蝴蝶和昆蟲是英國風格所常見的。人們認為其他類型的塗改源自其他英國工場，尤其是斯塔福德郡的作坊。

最近出版的一部關於這個課題的著作，引起人們對這些常被忽略和誤解的彩繪瓷的關注。過去曾用「畫蛇添足」這個貶義詞來形容欲蓋彌彰，甚至粗手劣腳的加工瓷器，現在這種用法已經過時。隨著對這類瓷器的鑒別越來越精細，更多的讚賞肯定會隨之而來。

出口美洲的瓷器

中國瓷器出口北美的歷史與出口歐洲的歷史迥然不同。西維爾保存著西班牙帆船貿易的記錄，在里斯本、海牙和倫敦也能查閱東印度公司的檔案，但美洲卻沒有一個實體機構控制自己的海上貿易。1775 年以前，美洲的官方貿易是通過倫敦進行的，殖民地的大部分商品由獨立商人經營，小部分是走私貨。因此，現存的貿易資料都分散在私人公司、機構、海關或稅務局及個人通信中。美洲對華直接貿易的歷史也許始於 1784 年，但北美早就對亞洲貨物有所需求。如前所述，西班牙帆船貿易在 16 世紀末向新大陸運去各種奢侈品，還有第一批中國瓷器。此後不久，隨著銀礦開發及貿易的發展，墨西哥城成為世界最大、最富裕的城市之一。那

時候的資料描述了私人家庭、政府大樓和教堂裏的裝飾性和實用性的中國瓷器，近年來的考古發現和私人收藏也披露了大量或破損或完整的瓷器，透露了當時的貿易狀況。在 18 世紀，個人和組織甚至已訂購精緻的紋章瓷。

西班牙人在墨西哥享受亞洲貿易的豐碩成果時，北美東岸維吉尼亞的英國殖民者也開始接觸亞洲商品。在 17 世紀，英國在對華貿易中還不是老大，因此這些貨物無法大量運進殖民地，但紡織品、香料和部分瓷器不僅通過英國（英國是中介商，用荷蘭人在阿姆斯特丹銷售的商品供應殖民地），還通過直駛美洲東海岸的荷蘭船隻進口。從 1619 到 1624 年荷蘭西印度公司成立，荷蘭獨立商人受煙草貿易的利潤引誘，到維吉尼亞營商。其後，荷蘭西印度公司在 1646 年之前一直壟斷貿易，在大西洋航線上頻密來回奔波，就像荷蘭東印度公司在東半球所做的一樣。

保存下來的家庭財產清單和遺囑，反映中國瓷器已在殖民地出現，文獻中「瓷器」（china）有不同的說法，如「cheenie」和「chainey」，這些文獻描述了各種可能來自對華貿易的餐具。維吉尼亞詹姆斯河畔遺址的考古挖掘找到了更有力的證據——各個時期不同品質的瓷器，多半帶青花圖案。1607 年成為英國第一個永久殖民地、1699 年以前是維吉尼亞首府的詹姆斯鎮周圍，以及 1699 到 1781 年間維吉

尼亞首府威廉斯堡,是文人雅士居住的中心,在那裏發現瓷器並不足怪。1615 年左右的克拉克瓷,類似 1613 年「白獅」號沉船上發現的瓷杯,以及更精緻的 18 世紀彩釉瓷,說明中國出口瓷器在殖民地一如在歐洲那樣廣受歡迎。

新阿姆斯特丹是荷蘭於 1609 年在新大陸建立的領地之一,那裏的情況稍有不同。新阿姆斯特丹的發展不像維吉尼亞那麼順利,甚至到那個世紀末,1644 年在英國佔領下成為紐約後多年,人口也只及維吉尼亞的一小部分。對華貿易也是間接的,貨品須由荷蘭從阿姆斯特丹的主要貿易口岸運來。成為紐約後,該城的經濟依然主要由當地的富裕荷蘭商人控制,他們緊密維繫著社會和政治關係。財產清單和考古發掘顯示當地確有中國瓷器,尤其在 18 世紀,某些關係廣泛的荷蘭商人及大家族收藏了大量中國陶瓷。

就像新阿姆斯特丹一樣,新英格蘭的殖民地發展得也比維吉尼亞慢,但隨著早期農民改以航海和造船謀生,當地的海外聯繫便有所增強。其他港口如果能像新阿姆斯特丹那樣買到亞洲貨,只要接觸到瓷器,應該會有更多中國瓷器在 17 世紀傳到該地的證據,但考古和財產清單都說明它們的數量相對較少,原因可能是殖民地人信奉樸素的清教徒倫理,傳統上對瓷器的興趣也不及荷蘭人。

在 18 世紀,所有殖民地的亞洲貿易都上升了,因為

英國東印度公司取得了壟斷，倫敦取代阿姆斯特丹成為亞洲貨的輸入港。

1709 年，邁斯發現了製造瓷器的奧秘，隨後其他地方仿製的軟質瓷也流行起來，因此 18 世紀歐洲對中國外銷瓷的需求開始長期緩慢下降。不過在殖民地，財產清單和報紙廣告說明瓷器越來越流行，倫敦定期運來銷售的瓷器品種與倫敦市場一樣多。從其他管道也能得到瓷器，如私人貿易、走私、家族聯繫或搶劫——商船仍然在搶掠他國商船。

在費城，本傑明·佛蘭克林的餐桌上使用中國瓷器，喬治·華盛頓亦然，1758 年華盛頓還為弗農山莊的新家訂購了一套瓷器茶具。但此後，殖民地人開始捲入政治事件，大大改變了他們的生活及其在世界貿易的地位。

這時候的殖民地就像英國一樣，飲茶是流行的消遣，英國王室強行徵收茶葉和咖啡稅後，殖民地繳付王室的稅收份額越來越大。隨著英國瓷器業日趨強大，越來越有利可圖，英國也逐漸提高了對進口中國瓷器的徵稅。對殖民地人來說，這意味著價格上升，不公平的稅收（尤其是他們在英國國會中沒有代表）促使他們選擇獨立，他們要繼續以已經習慣的方式來享受喜歡的飲料。1773 年英國國會通過「航海條例」，否決殖民地直接參與國際貿易的權利，促使殖民地人在波士頓把東印度公司船上的茶葉扔進

海裏，這就是殖民地人進行反抗的著名事件——波士頓傾茶事件，導致兩年後革命戰爭爆發。

1783 年，標誌殖民地人在革命戰爭中戰勝英國人的《巴黎條約》簽訂，美利堅合眾國從此誕生，美國人能自由地進行對華貿易了。不久，一種新的創業精神促成了他們對中國的首航。1784 年 2 月，重 360 噸的商船「中國皇后」號離開紐約，於 1785 年 5 月回國。這次首航非常成功，因此第二艘船巴爾的摩的「帕拉斯」號（Pallas）被徵用去中國裝運「中國皇后」號返航時未做好交貨準備的瓷器。這批貨由「帕拉斯」號運抵巴爾的摩，在這年 8 月登廣告銷售。由此開始了有利可圖的對華貿易的競爭。

這種競爭並非沒有風險。天氣和船隻安全無疑都是隱憂，但美國商人也需要累積直接與中國商人打交道的經驗，搞清楚什麼貨物在兩國市場最暢銷。除了銀條外，中國市場最需要的商品還有毛皮，尤其是產於北美西岸的水獺皮。運往中國的還有羊毛、焦油、煙草、時鐘、人參和鉛。

中國商人並不了解這個新的貿易國是怎麼回事。「中國皇后」號押運員賽繆爾·蕭（Samuel Shaw）知道中國人不完全了解美國人和英國人有什麼區別。不過，當他出示美國地圖，指出美國的疆土時，中國人便高興地接受了這個新市場的代表，准許他利用中國的商品謀取厚利。

波士頓、塞倫和普羅維登斯等新英格蘭港口捷足先登。這些港口已經在參與海運，具有船隻、水手等裝備，以及成功的貿易所需的技術、商業和外交管理等專業知識。紐約最終成為對華貿易的主要入境港口，接受轉運到其他州的瓷器，但在 1784 到 1820 年代，美國東岸的許多港口和商人紛紛要在貿易中分一杯羹。費城和巴爾的摩也參與其中，但較小的港口多半通過紐約間接獲得商品。

從 1790 到 1812 年，美國船隻在中美之間進行了四百多次來回航行，在 1805 到 1806 年達到第一個高峰，在廣州裝貨的美國貨船有 42 艘。到 1810 年，除了英國，美國對華貿易超過所有其他國家。另一個航運高峰是 1818 至 1819 年，有 47 艘美國船在廣州登記；此前一年是瓷器進口的高峰。不同年份的貿易活動落差很大，但瓷器始終排名第四，僅次於茶葉、香料和紡織品。

瓷器在進口貨上的排名也許不高，但它的出現還是為家裏增添了一種反映社會地位的高雅。約翰·亞當斯（美國第四任總統）於 1780 年 5 月寫給阿比蓋爾·亞當斯的信表明，瓷器在那時的文化人中作為一種藝術鑒賞品而受到推崇：

「我必須研究政治和戰爭，以便我的兒子可以自由鑽研數學和哲學。我的兒子們應該研究數學和哲學、地理和自然歷史、造船學、航海學、商業和農業，這樣他們的孩

子才有權去研究繪畫、音樂、建築、雕塑、織錦和瓷器。」

正如前面提到的美中貿易高峰年份顯示，19世紀初的商人依然有利可圖。對華貿易高峰在1830年前結束，不過此後某些精緻瓷器還在繼續進口。除了毛皮，美國人還是很難找到中國人真正需要的產品，中國人希望他們以白銀支付貨款，這也是歐洲人一直面對的問題。

在1830年代，英國商人和一些美國人開始使用從印度得來的鴉片購買中國貨。雖然中國政府禁售鴉片，但鴉片在國內外某些集團的默許下，依然不斷進口。開始於1840年的鴉片戰爭導致中國戰敗受辱，貿易商品的品質和數量進一步下降。1842年簽訂的《南京條約》強迫中國開放上海、廈門、寧波、福州供外國人貿易和居住。廣州不再壟斷對外貿易，不久上海便成為與西方貿易的中心。

美國對華貿易的快速船在1840年代忙得不可開交，滿載茶葉、瓷器和其他商品的航次屢創新高。快速船從廣州到紐約平均需時100天，最快記錄是84天。1849年，英國廢除《航海條例》的最後一條，允許其他國家運貨進入英國。當美國快速船趕在英國船之前把貨品運到英國，英國也開始製造自己的快速船。在1860年代，快速船貿易達到高峰，格林威治國家海洋博物館的一幅畫作記錄了這個經典時刻——1866年9月6日「阿奈爾」號（Aerial）和

「太平」號（Taeping）兩艘快速船到達倫敦的場景。兩艘船離開福州後第 99 天抵達倫敦，前後相差 30 分鐘。不過內戰如火如荼影響了美國的貿易，隨著 1869 年蘇伊士運河開通，蒸氣船崛起，快速船時代宣告結束。

18 世紀末 19 世紀初進口美國的瓷器，反映了這個新國家的口味。有的圖案設計配合美國的民族主義和獨立情緒，在一個相對短暫的時期為瓷器貿易注入了生氣。鷹、旗幟、政治場景和一些典型景色是許多訂單要求的內容，但與大量運來的品質較差、通常稱作「南京貨」或「廣州貨」的青花瓷相比，數量還是較少。

有趣的是，有一款流行圖案似乎有英國的淵源。這種圖案叫「費茨休」（Fitzhugh），僅用作邊飾或單一圖案。圖案名稱似乎來自英國一個參與對華貿易的家族，圖案中心是一個大徽章，周圍是四個分格，其中有中國畫中常見的花卉和圖案。飾邊由菱形、花卉、蝴蝶和方格混合組成。1700 年代末，荷蘭和英國等歐洲市場的瓷器上也有費茨休飾邊，但這種圖案和名稱在過去和現在主要出現在美國市場。費茨休的品質通常高於其他外銷瓷，不尋常的是它有許多顏色的版本：藍色、紅色、橘黃色、綠色、棕色，甚至黃色都有。它也有各種變種：美國市場較流行的一種，是用展翅飛翔的鷹來取代中心的大徽章。

喬治·華盛頓的辛辛那提協會套裝餐具，是 1785 至 1786 年美國市場上最早的套裝餐具，也有費茨休飾邊。「中國皇后」號押運員賽繆爾·蕭負責這套餐具的圖案設計和訂

（左頁上）1800 年的費茨休式藍色餐具。David Overall 外銷瓷。

（左頁下）1800 - 1810 年的費茨休式綠色網紋水果籃及托盤，托盤長 27 厘米。這個水果籃及托盤非常脆弱珍貴，與前述的茶壺（頁 114）採用相同的鏤空技術，但網紋的形狀不同。在未經燒製及施釉的瓷胎上鏤刻很考功夫。David Overall 外銷瓷。

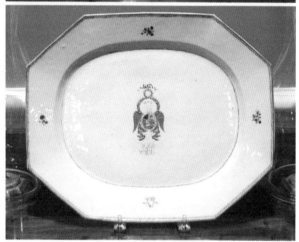

（上）1785 年的辛辛那提協會瓷盤，直徑 24 厘米。David Overall 外銷瓷。

（下）1785 年賽繆爾·蕭訂製的辛辛那提協會八角大淺盤，長 41.3 厘米。David Overall 外銷瓷。

製，因為他也是協會的創會者。該協會建立於 1783 年，以傳說中的羅馬元老院成員盧修斯·奎恩科提烏斯·辛辛那塔斯（Lucius Quin Ctius Cincinnatus）命名，只有革命戰爭中的軍官及其後代才有資格成為會員。華盛頓是第一任會長，自然熱衷於買一套餐具來表示他是這個高貴協會的成員。圖案較為簡單，一位代表「盛譽」的天使吹著喇叭，拿著綬帶，綬帶上掛著協會的徽章──一隻抓著月桂枝的鷹。後來出現了這個圖案的變奏，但華盛頓這套餐具的具體細節似乎是獨一無二的。從瓷器上的交織花押字母可見，他們為有成員資格的家庭訂購了幾套帶辛辛那提會徽的套裝餐具。姿態優雅的鷹及其會徽配飾，應以鐫刻畫或會章原件為藍本。賽繆爾·蕭也為自己訂購了一兩套，因為他名字的縮寫也出現在一些餐具上。

1805 - 1810 年的華盛頓紀念圖案湯盆，長 19 厘米。David Overall 外銷瓷。

　　早期中國出口瓷器對那隻象徵美國的鷹,有時描繪得不那麼在行:短小的翅膀,柔弱的頸,伸出的爪子瘦瘦的。但隨著不斷製作,這個圖像不僅成為某些費茨休式瓷盤強有力的中心形象,而且是俯視《獨立宣言》簽訂時的重大標誌。這個圖像也出現在 1799 年華盛頓逝世的紀念餐具上。在華盛頓紀念餐具上,華盛頓紀念碑的圓錐頂上棲息著一頭鷹,邊飾是花環和花叢,中間隔有花押字母。這些餐具可能製作於 1800 年左右,一般色調淺淡。

　　很少美國家族能合法擁有符合身份的紋章,但這不能阻止有些人覺得有必要通過某種方式來顯示自己的地位。盾牌或漩渦裝飾上經常使用花押字母組合,有時加上一點傳統的紋章內容,如貂皮斗篷,或神話人物,但鷹之類的

161

美國象徵多半放在顯著位置。1778 年採納、以 16 世紀末
荷蘭政府紋章為基礎的紐約州徽章，就是這樣一種主題的
組合。從 1790 到 1810 年的許多組合中，紋章一般有象徵
「自由」和「正義」的直立人像站在盾牌或漩渦裝飾的兩
邊，盾牌或漩渦裝飾中有山景和升起的太陽，頂上是半圓
形的展翅的鷹。已知的其他州的紋章不多。隨著紐約作為
中國瓷器輸入港的地位上升，以及紐約州紋章含義豐富，
極其迷人，變化多樣，這個圖案便廣泛流行起來。

　　有輪船圖案的套裝餐具在成為美國市場主角之前就流
行了。差不多每個跟中國做生意的國家都希望以瓷器上的
圖案紀念海上貿易，無論是如實描繪特定帆船，或者是一
般的輪船圖形。就像其他主題一樣，廣州瓷器繪圖工場可

能有現成的圖案樣板，再添加一些細節，使它們符合具體訂單要求。其他輪船圖案可能根據提供給畫工的鏤刻版畫或印刷材料仿製。在品質上，這些繪上船隻圖畫的瓷器差別很大，有的非常精緻，也有的僅為參與貿易的人買來作紀念而製作。繪畫在外銷瓷上最著名的船隻是駛離麻省塞倫港的「友誼」號（Friendship），約在1820年製造。

除了少量訂製的瓷器外，運往美國的大多數瓷器屬於所謂的「南京貨」或「廣州貨」。這些青花瓷品質較低，因此較實用，數量多，價格便宜。兩種瓷器都是在景德鎮燒製的，但「廣州貨」在廣州繪圖。這兩個術語有助識別各自的品質：「廣州貨」品質最差，「南京貨」的品質實際上非常好，但不如費茨休式瓷器。不同於「廣州貨」，「南京貨」也可能用描金裝飾。兩類瓷器都有其特色細節，如

1825 - 1835 年的南京八角盤，長 33 厘米。私人收藏。

1815 年的廣州八角盤，
長 32 厘米。私人收藏。

1860 年的人物花鳥廣彩
酒碗，直徑 50.4 厘米。
玫瑰大獎章紋飾出現得較
遲，品質參差。這個大酒
碗可能是特製的，其大小
及繪畫品質勝過其他類似
瓷器。私人收藏。

「廣州貨」的邊緣下面有細細的扇貝形波紋線，「南京貨」通

常用幾何圖案飾邊。當然還有其他細節，它們都有中國傳統

風景的不同變化：流水、小橋、畫船、綠樹、樓閣和寶塔，

這些事物都是構成西方中國想像的要素。

　　19 世紀對華貿易必不可少的彩瓷有許多名稱，都是後來

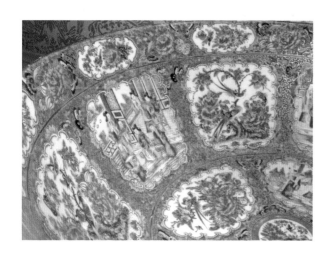

給予的稱謂，每個名稱表示裝飾的某種特色。常用的是「人物花鳥廣彩」（Rose Medallion）、「人物廣彩」（Rose Mandarin）和「花鳥廣彩」（Canton Rose），指的是中心部位繪有中國官場人物或大獎章的瓷器。這些瓷器都隨意地使用了粉彩。它們是 18 世紀中葉出口貿易的常規品種，從 1820 年開始非常流行。在 19 世紀後半葉，一種有許多彩色蝴蝶的圖案也非常流行。

這些後期出現的廣彩瓷器，瓷體質量和圖案品質參差不齊。有的笨重粗糙，有的堪與 19 世紀最好的瓷器媲美。特拉華州溫特圖爾收藏品中一件 1890 至 1900 年間製造的人物花鳥廣彩瓷盤較為獨特，它在邊緣的渦形裝飾中畫上荷蘭東印度公司的徽章。製作這個瓷盤可能是為了紀念公司的歷史，或紀念對公司有重大意義的某個日子，它是東西方首次面對面相遇的歷史性貿易的最後遺跡。

結語

從中亞到羅馬，從東南亞海域到西班牙佔領的美洲，
從中國口岸到歐洲各大首都和紐約，從第 9 世紀的中國皇帝
到 19 世紀的鴉片戰爭，都貫穿著中國瓷器的東西方貿易故
事。這是充滿探險、創業、戰爭、沉船、財富得而復失、
技術突破、裝飾創新和跨文化交流等等內容的故事。無論
從東方還是從西方角度來看，我們的世界都必須通過探索
和貿易航程來開拓，而尋求瓷器則是這壯舉的一部分。

在今天電子郵件和飛機旅行的時代，我們的社會早就
忘記當初橫跨半個地球尋覓寶物所花的時間和精力是多麼巨
大。陸上通道充滿了風沙、盜賊、乾旱、險境和政治糾紛，

繪有花、鳥、蝴蝶和中國
吉祥符號紋飾的瓷碟上的
阿拉伯文,晚清。廣東博
物館藏。

危機重重。海上通道雖然有利於瓷器運輸,但同樣存在風
暴、劫掠、與其他商人勾心鬥角、風信不易掌握等等風險。
雖然無論循陸路還是海路,商人還得冒銷售商品的風險,因
為人們也許不喜歡或買不起瓷器,但他們都受到異國奇珍的
吸引,對豐厚的利潤趨之若鶩。世界由此變得多姿多采。

　　遺憾的是,幾百年來中國和西方交流了大量貨物,卻
沒有真正努力去理解或欣賞對方的價值觀和生活方式。外
國商人被限制於中國的某些港口,中國商人很少跑到歐洲
去,互相理解的機會少之又少。

　　歐洲根據充滿異國情調的中國典型圖像而形成「中國
風格」,對許多人而言是唯一能使他們想起中國的有形物

體，不知道這些圖像也可能是中國人對他們認為歐洲需要什麼的一種詮釋。中國傳統上就不願受外來影響，對他們奉命仿製的圖案的來源地不感興趣。是戰火強迫打開中國口岸的大門，使貿易得以上升到更廣泛更具實質內容的層面。

歷史演進到近代，很顯然，西方貿易商和押運員都是當今投資者和商家的先驅，後者向中國購買或外判中國工廠製造形形色色專為供應全球出口市場的產品，其中許多產品都是根據外國客戶提供的設計製造。中國和歐洲瓷器裝飾主題交流也是一個永遠不會完結的故事，如今東西方風格的雙向交流仍在重演。

瓷器只是中國和西方珍品貿易的其中一種商品，其數量和收益很難與茶葉相比，但卻被研究得最多，因其耐用持久，能保存到現在，引起史學家和藝術品市場的注意。當然還因為瓷器美觀而別具魅力，凡有瓷器從沉船中打撈上來，即使是一個茶壺或瓷盤，也因其曾深藏海底數世紀而仍會引起人們的莫大興趣。無怪乎一有關於沉船撈獲瓷器和拍賣這類珍品的新聞和拍賣會，總會引起世界各大都會的哄動。中國瓷器作為這麼一段曲折多采的歷史的有形聯繫，無疑將繼續成為全球注視的焦點。

參考書目

Ames, Kenneth M., ed. *Contributions to the Archaeology of Oregon, 1983-86.* Association of Oregon Archaeologists, Occasional Papers No.3, 1986.

Ayers, John, Oliver Impey, J.V.G. Mallert, Anthony du Boulay and Lawrence Smith. *Porcelain for Palaces: The Fashion for Japan in Europe, 1650-1750.* London: Oriental Ceramic Society, 1990.

Butler, Michael, Julia B. Curtis and Stephen Little. *Shunzhi Porcelain: Treasures from An Unknown Reign, 1644-1661.* Alexandria, Virginia: Art Services International, 2002.

Carswell, John. *Blue and White: Chinese Porcelain and Its Impact on the Western World.* Chicago: David and Alfred Smart Gallery, University of Chicago, 1985.

Carswell, John. *Blue and White: Chinese Porcelain Around the World.* London: British Museum Press, 2000.

Emerson, Julie, Jennifer Chen, Mimi Gardner-Gates. *Porcelain Stories: From China to Europe.* Seattle: Seattle Art Museum, 2000.

Espir, Helen. *European Decoration on Oriental Porcelain, 1700-1830.* London: Jorge Welsh Books, 2005.

Farrington, Anthony. *Trading Places: The East India Company and Asia 1600-1834.* London: The British Library, 2002.

Fuchs, Ronald W. II, and David S. Howard. *Made in

China: Export Porcelain from the Leo and Doris Hodroff Collection at Winterthur. Winterthur, Delaware: Winterthur Publications, 2005.

Howard, David S. *Chinese Armorial Porcelain.* London: Faber and Faber, 1974.

_____. *The Choice of the Private Trader: The Private Market in Chinese Export Porcelain Illustrated from the Hodroff Collection.* London: Zwemmer. 1994.

_____. *New York and the China Trade.* New York: New York Historical Society, 1984.

Jackson, Anna and Amin Jaffer, ed. *Encounters: The Meeting of Asia and Europe 1500-1800.* London: V&A Publications, 2004.

Jőrg, Christiaan J.A. "Porcelain for the Dutch in the Seventeenth Century Trading Networks and Private Enterprise," in R.E. Scott, ed. *The Porcelains of Jingdezhen: Colloquies on Art and Archaeology in Asia*, No. 16, University of London/Percival David Foundation of Chinese Art, London (1995): pp.185-205.

_____. *The Geldermalsen: History and Porcelain,* Groningen: Kemper Publishers, 1986.

_____. *Porcelain and the Dutch China Trade*, The Hague, 1982.

Kerr, Rose, and Nigel Wood. *Science and Civilization in China: Ceramic Technology.* Vol. 5, Part 12, Cambridge: Cambridge University Press, 2004.

Le Corbeiller, Claire, and Alice Cooney Frelinghuysen. *Metropolitan Museum of Art Bulletin*, Vol. LX, no.3 (Winter 2003): p.6-60.

Litzenburg, Thomas V., Jr., and Ann T. Bailey. *Chinese Export Porcelain in the Reeves Center Collection at Washington and Lee University.* London: Third Millennium Publishing, 2004.

Medley, Margaret. 'Organisation and Production at Jingdezhen in the Sixteenth Century' in R.E. Scott, ed. *The Porcelains of Jingdezhen: Colloquies on Art and Archaeology in Asia*, No. 16, University of London/Percival David Foundation of Chinese Art, London (1995): pp 69-82.

Mudge, Jean McClure. *Chinese Export Porcelain in*

North America, New York: Riverside Book Company, Inc., 1986.

Pierson, Stacy. *Earth, Fire, and Water: Chinese Ceramic Technology, A Handbook for Non-Specialists*. London: Percival David Foundation of Chinese Art, 1996.

Rawson, Jessica. *Chinese Ornament: The Lotus and the Dragon*. London: The British Museum, 1984 (2nd edition, 1990).

_____. *The British Museum Book of Chinese Art*. London: Thames and Hudson, 1992.

Rinaldi, Maura. *Kraak Porcelain: A Moment in the History of Trade*. London: Bamboo Publishing, 1989.

Schurleer, D.F. Lunsingh. *Chinese Export Porcelain*. New York: Faber and Faber, 1974.

Shangraw, Clarence, and Edward P. Von der Porten. *The Drake and Cermeno Expeditions' Chinese Porcelains at Drakes Bay, California, 1579 and 1595*. Santa Rosa and Palo Alto: Santa Rosa Junior College and Drake Navigators Guild, 1981.

Sheaf, Colin, and Richard Kilburn. *The Hatcher Porcelain Cargoes: The Complete Record*. Oxford, Eng.: Phaidon Christie's, 1988.

Tichane, Robert. *Ching-Te-Chen: Views of a Porcelain City*. Painted Post, NY: New York State Institute for Glaze Research, 1983.

Vollmer, John E., E.J. Keall, E. Nagai-Berthrong. *Silk Roads, China Ships*. Toronto: Royal Ontario Museum, 1983.

鳴謝

Phillip Allen, Cyril Beecher, Lynn Bradley and the Sunset Club, Helen Espir, Andy Ganse, George Manginis, David Hansen, David Overall www.overallexportporcelain.com, Jean Martin, Peter and Mary White, Wessel and Smith 通用製圖工具, Jo Chua and Kristine Hooi.

索引

圖片說明頁碼以粗體表示。